bene! gutes leben

*Ich widme dieses Buch meinen Männern:
meinem Vater Wilfried, der mir zweifelsohne
sein Reise-Gen vererbt hat,
meinem Mann Stefan
und meinen Söhnen Len und Eddie.*

Andrea Grießmann

Wunderschöne Welt

Geschichten vom Reisen und
der Sehnsucht nach Heimat

INHALT

Prolog 6

Die Welt hört nicht auf, mich zu begeistern 8
London Heathrow forever? 10
Die Farben von Mexiko … 14
Die Boutique in Rom – eine Liebesgeschichte 19
Erwartungen 21
Mit dem Wassertaxi über den Dubai-Creek 28
Scheitern als Weg 33
Das sauberste Wasser Österreichs 38
Dringende und unlösbare Anliegen 42
He took the soup 45
Bielefeld meets the Rolling Stones 48

Schritte in unbekanntem Terrain 52
Schockverliebt in Afrika 54
Termitenessen mit Werner 58
Das Gewürz des Lebens im Souk von Marrakesch 61
Heimlich im Hotelzimmer 67
Im Heißluftballon über das Atlasgebirge 71
Mit der Göttin der Morgenröte
auf der Kurischen Nehrung 75
Wir haben ein Recht auf Glück! 79
Die Stunde der Wahrheit 84
Auf dem Markt von Castelldefels 89
Der Bus kommt. Meistens. 94
Koffer packen! Aber richtig. 100
»Handle with tender loving care« 104
Gürteltiere und Säcke voller Geld 107

Wie schmeckt und wie klingt Heimat? 114
»Allmächt na!« 116
Fränkisch by nature! 122
La bandera 126
Kölsche Casanova 130
Beneidenswert 132
Einer von uns 136

Reise in die Vergangenheit 138
Oma Jule 140
Sehnsucht nach dem Ursprünglichen 143
Kleine Fluchten 150
Dreimal umgezogen ist
wie einmal abgebrannt 156
(K)eine Berlinerin 158
Schon lange 165

Ankommen 168
Heimat 169
Schmecken, fühlen, riechen, sammeln 174
Geborgenheit 178
Bleiben Sie zu Hause! 184
Identitätskrisen 186
Zum Schluss 189

Über die Autorin 191

PROLOG

Wenn ich am Strand von Castelldefels, wo ich meine Kindheitsjahre verbracht habe, die Augen zumache, ist es wie früher. Die Brise, die vom Meer rüberweht, der Salzgeruch in der Luft, das Flirren der Hitze über dem feinen Sand. Von Weitem höre ich schon den Eismann rufen: »Helaaadooooooooooo!«, und denke an damals. Der Eisverkäufer ist noch weit genug weg, um mir in aller Ruhe zu überlegen, welches Eis ich meinem Vater heute aus den Rippen leiern will. Erdbeere oder Zitrone, das habe ich immer am liebsten…

Der Spielplatz ist auch noch da, auf dem ich als Kind gespielt habe, »Tortuga!« haben sie mir hinterhergerufen, das weiß ich noch, das bedeutet »Schildkröte!«. Kinder können ganz schön fies sein. Offenbar habe ich damals eine Zeit lang meine Zunge zwischen den Zähnen durchgestreckt … eben wie eine Schildkröte. Aber nein, eigentlich ist das völlig ausgeschlossen, so was Blödes habe ich nicht gemacht, die Erinnerung muss eine falsche sein … Doch die Stimmen klingen mir noch gut im Ohr: »Tortuga, tortuga!« Diese Erinnerung ist so stark, dass ich mich geschlagene 40 Jahre später auf diesem Spielplatz noch unwohl fühle … gibt's doch gar nicht, so was.

Auf den Ramblas, der berühmten Flaniermeile von Barcelona, kneife ich die Augen zu und bin noch einmal sechs, sitze bei Papa auf den Schultern. Rechts und links Blumenstände, Blüten in allen Farben, ein Meer aus Blumen. Wenn ich die Augen ein bisschen weiter aufmache heute, sehe ich fast nur noch Souvenirstände … Heimat verändert sich.

»Wo ist deine Heimat?«, »Wo kommst du her?« Mit diesen beiden Fragen hat alles angefangen. Ich habe viele Geschichten aufgeschrieben, um sie mit Ihnen zu teilen. Das Ergebnis halten Sie in Form dieses Buches gerade in den Händen.
Dieses Buch ist eine Reise in die Sehnsucht …
Sehnsucht nach Ferne und Nähe.
Sehnsucht nach Freiheit und Abenteuer.
Sehnsucht nach Geborgenheit und Heimat.
Sehnsucht nach Sinn.

Die schönsten Reisen beginnen im Kopf – und beim Lesen.
In diesem Sinne viel Spaß mit diesem Buch!

Andrea Grießmann

Die Welt hört nicht auf, mich zu begeistern

LONDON HEATHROW FOREVER?

Der Flug von Köln nach London dauert eineinhalb Stunden, gefühlt ein Katzensprung. Das Fernsehteam ist samt Equipment mit dem Auto nach England vorausgefahren, ich darf fliegen. Das Ticket war günstig, aber die Passagiere sitzen in der Maschine wie die Hühner auf der Stange, noch dazu einer sehr schmalen Stange. Egal, der Flug dauert ja nicht lang. Bisschen lesen, bisschen schlafen, und schon leuchten wieder die Anschnallzeichen auf. Wir kreisen über dem Flughafen. Kaum ist die Maschine gelandet, springen die ersten Fluggäste aus ihren Sitzen. Ein Ritual in den frühen Maschinen, die meistens mit gehetzten Anzugträgern voll besetzt sind. So weit wie immer. Doch dann bremst diese Durchsage alle aus: »Verehrte Passagiere! In der Geschichte der Luftfahrt ist kein Fall bekannt, in dem ein Passagier vor dem Flugzeug das Terminal erreicht hätte. Sie können also in Ruhe wieder Platz nehmen. Schnallen Sie sich bitte wieder an und erst wieder ab, wenn wir unsere endgültige Parkposition erreicht haben. Wir danken für Ihr Verständnis.«

Großartig. Ich platze fast vor unterdrücktem Lachen, die Zusammengestauchten sinken überall um mich herum leise wieder in ihre Sitze. Nicht dass ich das auch nicht schon gemacht hätte. Aber heute eben nicht. Warum haben es viele so eilig? Ich habe dazu eine Theorie, es sind drei Gruppen von Menschen, die in dieser Situation aufspringen. Gruppe 1: die, die es wirklich sehr eilig und die sprichwörtlichen Hummeln im Hintern haben (da reihe ich mich immer wieder ein). Gruppe 2: Menschen mit Flugangst, die einfach so schnell wie möglich aus der Maschine rauswollen, Ratio ausgeschaltet. Gruppe 3: Raucher.

Schließlich hat das Warten ein Ende, und wir erreichen glücklich unsere endgültige Parkposition in London Heathrow. Was für eine Stadt: London. Den ganzen Tag werden wir hier drehen, auf den Spuren der Beatles und der Stones, ich liebe meinen Job.

Wie versprochen ertönt das Signal, die Anschnallzeichen erlöschen. Brav stehen alle betont lässig auf, kramen ihr Gepäck aus den oberen Klappen. Ich danke dem lieben Gott, dass mir bis heute tatsächlich noch keiner in solchen Momenten konzentrierter Hektik seinen mattschwarzen Carbon-Cabintrolley aufs Hirn hat fallen lassen. Man könnte tot sein.

Die meisten Passagiere stehen jetzt dicht gedrängt im Gang und warten, dass die Tür geöffnet wird. Durch die kleinen Fenster auf der mir gegenüberliegenden Seite des Ganges sehe ich, wie eine Fluggastbrücke rangeschoben wird. Praktisch, diese langen Stahlwürmer, durch die man komfortabel einfach geradeaus rausspazieren kann, wenn sie mal angedockt sind. Vermutlich noch ein Minütchen, bis die Tür aufgehen wird. Ich sitze ziemlich weit vorne und sehe, wie es vor dem Fenster in der Tür dunkel wird. Der Tunnel dockt anscheinend gerade an, es klackt und ruckelt, dann betätigt der Steward den Mechanismus zum Öffnen der Tür. Aber es passiert nichts. Er wiederholt das Ganze. Er telefoniert. Die Tür bleibt zu.

Dann eine freundliche Durchsage: »Liebe Passagiere, wir bitten Sie noch einen kleinen Moment um Geduld, die Tür wird in wenigen Minuten geöffnet«. Wird sie aber nicht. Es scheint ein größeres Problem zu geben.

Ich sitze immer noch auf meinem Platz und beglückwünsche mich selbst zu meiner Reiseplanung. Heute ist nämlich einer dieser Tage, an denen mein Reiseplan bewusst luftig gehalten ist. Ich muss erst in zwei Stunden am Drehort sein, habe es tatsächlich nicht eilig und freue mich, vorher vielleicht noch was von der Stadt zu sehen.

Die Tür bleibt zu. Die Telefonate der Crew werden hektischer, die Passagiere, die meisten davon vermutlich Vielflieger, fangen an zu spekulieren, wie es weitergehen wird, und sich Storys aus ihrem Reiseleben zu erzählen, so in der Art: »... in Tadschikistan saßen wir mal zwei Tage fest, weil die Maschine einen technischen Defekt hatte ...« Wir sind aber nicht in Tadschikistan. Wir sind in London Heathrow Airport, dem größten Flughafen Europas, dem siebtgrößten Drehkreuz der Welt, an dem jedes Jahr über 80 Millionen Fluggäste abgefertigt werden. Tag für Tag gehen hier bei Hunderten von Fliegern die Türen auf und zu. Bis dato bin ich jedenfalls davon ausgegangen. Aber wer weiß?

Die Tür bleibt weiterhin zu. Inzwischen warten wir schon eine halbe Stunde. Viele Menschen im Flugzeug haben gute Ideen, wie sich das Problem vielleicht lösen lassen könnte, ich auch. Wir haben doch noch eine zweite Tür? Außerdem könnte man doch den stählernen Wurm wieder wegfahren und stattdessen eine Old-School-Treppe hinstellen, über die wir runtersteigen. Dann laufen wir einfach übers Rollfeld. Aber all unsere Tipps sind nicht gefragt. Immerhin beweist der Steward wiederholt Humor. Sehr freundlich und glaubwürdig gut gelaunt hält er uns auf dem Laufenden, bringt uns immer wieder auf den neuesten Stand. Unter dem Strich bleibt es aber bei einem »Wir bemühen uns«. Eine Nachricht ohne jeden Neuigkeitswert.

Ich bemühe mich auch gleich! So langsam versickert meine gute Laune, ich fühle mich eingesperrt. Steht irgendwo im Kleingedruckten, dass man als Fluggast kein Anrecht darauf hat, das Flugzeug am Zielort direkt nach der Landung zu verlassen? Oder dass es okay ist, erst verspätet aussteigen zu dürfen, wenn sich die Crew vorher nachweislich ausreichend bemüht hat …? Wer weiß?

Jedenfalls bemüht sich die Crew weiter, die verflixte Tür zu öffnen. Aber die Tür bleibt zu.
Sie fragen sich vielleicht an dieser Stelle berechtigterweise, wie lange sich diese Geschichte noch hinzieht, irgendwann wird die Tür ja wohl aufgehen.

Mir ging's in diesem Moment damals im Flieger ganz genauso. Angesäuert dachte ich: »Jetzt macht mal hinne, gute Laune hin oder her, mach die Sch...tür auf und Ende Gelände.«

Leider blieb die Tür einfach zu, und zwar noch, maßstabsgetreu auf dieses Buch umgerechnet, für mindestens zwei Seiten. Ich kürze das Ganze an dieser Stelle ab: Beim Andocken des Wurms ist offenbar irgendwas schiefgelaufen. Das Teil ließ sich nicht mehr entfernen. Er hatte sich sozusagen festgebissen. Einen zweiten Wurm für die Hintertür hatten sie gerade nicht da. An die Hintertür eine Leiter zu stellen (oder eine Notrutsche, was mein Profitipp gewesen wäre), wurde auch nicht gemacht, auf mich hört ja keiner.

Nach geschlagenen eineinhalb Stunden öffnete sich die Tür. Meine gute Laune war inzwischen sehr reduziert. Wir haben tatsächlich genauso lange auf die Türöffnung gewartet, wie der Flug gedauert hat. Halleluja!

DIE FARBEN VON MEXIKO UND DER LÄNGSTE SCHATTEN DES VATERLANDS

Vaterland? Auch das noch. »Heimat« ist ja schon ein großes Wort, aber »Vaterland« legt in Sachen Pathos noch einige Ziegelsteine drauf ... Das Wort geht mir irgendwie schwer über die Lippen bzw. von der Hand. Der Begriff ist in Deutschland vorbelastet, seit er im Dritten Reich in die Mitte der Ideologie gerückt wurde. Ich schreibe trotzdem an dieser Stelle vom Vaterland, weil es um eine Geschichte aus Mexiko geht. Der spanische Begriff *Patria* steht für Vaterland *und* für Heimat. Meine mexikanische Nachbarin Brenda erklärt mir aus dem Bauch heraus, an dieser Stelle wäre die deutsche Sprache doch genauer. *Vaterland* ist für sie das Land, in dem sie geboren wurde. *Heimat* ist dort, wo die Menschen sind, die du liebst. Bei ihr ist die Heimat ganz klar Deutschland, denn hier lebt sie mit Mann und Töchtern. Dann zögert sie, während sie mir alles erklärt. Denn in Mexiko leben ihre Eltern ... Brenda hat also ein Vaterland und zwei Länder, die sie Heimat nennt! Mit ihren Kindern übt sie von klein auf das unaussprechliche Wort »Parangaricutirimícuaro«. So heißt ein kleiner Ort in Mexiko, der als Zungenbrecher berühmt wurde. Brendas Kinder sollen lernen, den Namen so fließend auszusprechen, dass sie den mexikanischen Opa am Telefon sprachlos machen.

Den »längsten Schatten« von Brendas Vaterland kann man am Zócalo bewundern, das ist der gigantische Platz in der Mitte von Mexiko City, der Mega-Stadt mit über 20 Millionen Einwohnern. Vom Torre Latinoamericana, 1956 als erstes Hochhaus Lateinamerikas errichtet, kann man ihn sehen – aus 180 Metern Höhe blickt man über die Stadt, und egal in welche Richtung man schaut – nirgends ist ein Ende des Häusermeers auch nur zu erahnen. Wahnsinn!

Der Zócalo ist nicht nur der Mittelpunkt der Stadt, sondern sogar ganz Mexikos. Schon für die Azteken war hier das Zentrum ihrer Hauptstadt Tenochtitlán, mit dem Palast des Königs Moctezuma und dem mächtigen Templo Mayor. Heute ist der Zócalo umrahmt von Sehenswürdigkeiten: dem Palacio Nacional als Sitz des Präsidenten, dem Rathaus und der großen, prächtigen Kathedrale. Mitten auf der Plaza de la Constitución, so heißt der Zócalo offiziell, steht ein gigantischer Fahnenmast mit einer unglaublich großen Fahne. Ich habe im Reiseführer nachgelesen – 350 Quadratmeter groß ist dieses »Stück« Stoff! Die Fahne weht, wenn der Wind reicht, majestätisch langsam.

An einem heißen Sommertag stehe ich am Rande des riesigen Platzes. 56 000 Quadratmeter umfasst die Plaza de la Constitución – das entspricht in etwa der Größe von acht Fußballfeldern. Wir sind die letzte Stunde durch enge Straßen gegangen. In den Häuserschluchten ist zum Glück Schatten. Nun gilt es den Zócalo zu überqueren, um unser nächstes Ziel zu erreichen. Die normalste Sache der Welt, könnte man denken, aber das Ganze hat einen Haken, stelle ich fest. Auf dem Platz gibt es nirgendwo ein Fitzelchen Schatten. Wer will schon minutenlang über ein heißes Backblech laufen? Was man auch anhat, es ist zu viel bei dieser Hitze und der hohen Luftfeuchtigkeit. Wir machen deshalb erst einmal Pause. Als wir uns an einer Hauswand herumdrücken, die uns gnädig Schatten spendet, fällt es mir auf: Was machen die Leute da? Mitten auf dem Platz beginnt eine lange Menschenschlange, es könnten Hunderte sein, die dort anstehen: Erwachsene, Familien, Geschäftsleute im Anzug mit Aktentasche unterm Arm, Bauarbeiter, Alte und

Junge, die ganz große Mischung. Worauf warten sie? Manche unterhalten sich, andere essen oder trinken etwas, viele lesen Zeitung, manche sitzen am Boden – schläft da nicht sogar einer?

Wenn Leute auf etwas warten, gucken sie meistens alle in die gleiche Richtung. Aber die Menschen in dieser Schlange auf dem großen Platz schauen alle woanders hin.

Jetzt fällt bei mir der Groschen – die Leute warten gar nicht, sie stehen bloß alle im Schatten! Die gigantische Fahne am Mast wirft einen fetten, breiten Schattenstreifen quer über die Sonnenwüste, und die meisten Menschen machen hier schlicht und einfach Pause. Mittagspause. Pause vom Shoppen, Pause von der Sonne. Genial.

Wir wollen zum Nationalpalast, der mit einer Breite von 200 Metern die ganze Ostseite des Zócalo einnimmt. In diesem Palast haben alle residiert, die in Mexiko das Sagen hatten – Kaiser und Könige, Präsidenten und Diktatoren, Eroberer und Revolutionäre. Mexiko hat im Laufe seiner Geschichte viel durchgemacht. Keiner hat das monumentaler festgehalten als der Künstler Diego Rivera. Seine meterhohen Wandgemälde, die oft dramatische Szenen zeigen, hängen im Eingangsbereich des Präsidentenpalastes, der Eintritt ist frei. Diego Rivera, der mexikanische Nationalmaler, war der Ehemann der Malerin Frida Kahlo. Die beiden lebten in einem wunderschönen Haus im Stadtteil Coyoacán in Mexiko-Stadt. Man nennt es *la casa azúl*, das blaue Haus. Heute ist es ein Museum, in dem die Werke der beiden und ihre Ateliers zu besichtigen sind, aber auch Privaträume.

Ein unglaubliches Blau. Es leuchtet und nimmt dich ein, es ist unfassbar präsent und dominant. Ein geradezu unverschämtes Blau, das mir Jahre später noch mal begegnet, im Jardin Majorelle in Marrakesch. Der berühmte Modeschöpfer Yves Saint Laurent hat dort die Gebäude, die in einem traumhaft schönen Park liegen, in exakt diesem Frida-Kahlo-Blau angestrichen.

Fridas Haus ist von außen mit Ausnahme der Farbe unspektakulär. Man würde vermutlich daran vorbeilaufen, wenn es nicht so blau wäre. In diesem Haus wurde Frida Kahlo 1907 geboren. Ihr Vater war Deutscher. Karl Wilhelm Kahlo wuchs in Pforzheim auf und wanderte mit 18 Jahren nach Mexiko aus, wo er seinen deutschen Namen »Wilhelm« einfach ins Spanische übersetzte und sich fortan »Guillermo« nannte.

Meine Mutter Rosalinde ist auch in Pforzheim geboren. Sofort fühle ich mich mit Frida verbunden, als ich lese, wo ihre Wurzeln zu finden sind. Ich kann irrational emotional sein …

Im Innern des Hauses sieht alles bunt und fröhlich aus. Kräftige Farben, liebevoll gestaltete Einrichtungsdetails. Es scheint fast so, als wären die beiden Künstler, die hier einst gewohnt haben, erst gestern noch da gewesen. Auf den Kommoden und Tischen aus dunklem Holz stehen große Teller aus leuchtend bemaltem Steingut. An den Wänden unzählige Bilder, bunte Keramiken, verzierte Skelette und Totenköpfe, die vom berühmten mexikanischen Totenkult erzählen. Auch viele uralte Objekte aus der präkolumbischen Zeit, vor der Eroberung des Landes durch die Spanier, sind zu sehen. In Lateinamerika existiert übrigens noch heute der Begriff der »madre patria«, so wird das »Mutterland« Spanien bezeichnet.

La casa azúl ist auch eine Art Heimatmuseum. Dabei denke ich nicht nur an einzelne historische Ausstellungsstücke. Das Haus erzählt in seiner Gesamtheit von der innigen Liebe Frida Kahlos zu ihrer Heimat Mexiko. Sie war eine glühende Patriotin, stolz auf ihre indigenen Wurzeln. Oft malte sie sich in landestypischer Tracht.

Am berührendsten finde ich das Schlafzimmer von Frida Kahlo mit dem Bett, in dem sie einen Großteil ihres Lebens verbracht hat. Mit 18 Jahren wurde sie bei einem Busunglück schwer verletzt, eine Stahlstange bohrte sich durch ihr Becken. Es folgten unzählige Operationen, auch eine Beinamputation. Immer wieder lag Frida lange Zeit in diesem Bett, regungslos in einem Ganzkörpergips oder Stahlkorsett fixiert.

Ein Himmelbett aus dunklem Holz, reich verziert. Hier begann sie zu malen, um sich die Zeit zu vertreiben. Ihre letzten Tage verbrachte sie nur noch im Bett, in dem sie im Juli 1954 starb.

Vom Schlafzimmer blickt man in den wunderschönen, weitläufigen Garten des Hauses. Leider konnte Frida in ihrem Korsett nicht mal den Kopf drehen, um aus dem Fenster zu schauen. Sie war an ihr Bett gefesselt, den Blick an die Decke gerichtet. Schrecklich …

Da lag sie also. Wenn sie die Augen aufgemacht hat, blickte sie in einen großen Spiegel, der an der Decke des Bett-Himmels angebracht war (und immer noch ist). Sie hat sich die ganze Zeit selbst gesehen in ihrem Elend. Wie grausam! Warum hat sie keine bunten Bilder hinhängen lassen? Es jagt mir einen Schauer nach dem anderen über den Rücken, während ich an diesem Bett stehe. Fridas Leid und ihr Schmerz sind fast zu greifen, während die mexikanische Sonne freundlich durch die Schlafzimmerfenster scheint.

DIE BOUTIQUE IN ROM – EINE LIEBESGESCHICHTE

Durch die Glasfront glitzert mich ein riesiger schwarz-goldener Kronleuchter an und saugt mich ins Geschäft am Rande der schicken Via del Corso in Rom. »Ciao!« ruft mir eine aufregend schöne Römerin von der Kasse aus zu, lacht mich fröhlich an und schwatzt dabei weiter mit ihrer Kundschaft. Alles richtig gemacht. Schon bin ich wild entschlossen, hier irgendwas zu kaufen, schließlich will ich dazugehören. Und auch der Colour-Code funktioniert, der ganze Laden strahlt Harmonie aus – alle Farben aufeinander abgestimmt, hohe Decken mit Stuck, Grandezza. Ein Stück von der Kasse entfernt ein Riesenpouf, ein rundes, gestepptes Sofa in einem satten Flieder, darauf fläzt sich ein bildhübscher Junge wie hingegossen, vielleicht neun Jahre alt. Der Arme wartet bestimmt auf seine shoppende Mutti und langweilt sich zu Tode, aber ein Model hätte sich nicht schöner hindrapiert.

Ich gehe nach hinten durch, in einen zweiten Raum. Auch hier alles komplett durchgestylt, die Wände in dunklem Petrolgrün, silbern-schwarze Kronleuchter, tolles Lichtdesign, chillige Loungemusik … Hier hat jemand Geschmack bewiesen. Ich weiß gar nicht, was ich zuerst bewundern soll, die Wände und Lampen oder das, was man hier alles kaufen kann: superlässige und trotzdem schicke Klamotten, glitzernde lange Halsketten, passende weiche Schals. Wie zufällig stehen einzelne Handtaschen herum, die perfekt dazu passen. Der ganze Laden ist voll mit zufrieden schnatternden, schönen jungen Frauen. Gedankenverloren tauche ich in dieses Gesamtkunstwerk ein und lasse eine grün schimmernde Kette durch meine Finger gleiten, als ein lang gezogener, kehliger Schrei mich im Mark erschreckt – was war das?

Noch ein kurzes Stöhnen, dann herrscht Ruhe. Ich schaue um die Ecke und sehe den hübschen Jungen verkrampft auf dem Pouf liegen, Spucke läuft ihm aus dem Mund. Was ist passiert? Soll ich einen Arzt rufen, kann ich helfen? Ich will gerade auf den Jungen zugehen, da steuert das Vollweib von der Kasse auf ihn zu, über die Schulter noch geschäftig mit einer Kundin plaudernd. Sie geht zu dem Jungen, wischt ihm routiniert den Speichel ab, nimmt ihn kurz in den Arm und küsst ihn auf die Stirn. Er sinkt wieder auf den Pouf und zwirbelt sich eine dieser Wahnsinnsglitzerketten, die sie hier im Laden verkaufen, um seine verkrampften Finger.

Ich schaue mir den Jungen noch etwas genauer an. Seine dunkelblonden, längeren Haare fallen ihm in einem Seitenscheitel lässig in sein schönes Gesicht. Dunkelbraune Augen mit langen Wimpern ziehen die Blicke auf sich. Er trägt eine ziemlich coole Jeans, topaktueller Schnitt, ein edles weißes Hemd und darüber einen wolligen, hellgrauen Langarmpulli, der sündhaft teuer aussieht. Oben guckt der blütenweiße Kragen raus, an den Ärmeln blitzen Manschettenknöpfe, aber er hat nur Socken an. Der Junge beachtet mich nicht. Er scheint niemanden in diesem vollen Laden wahrzunehmen, er ist ganz mit sich beschäftigt.

Ich brauche einen Moment, um diese Situation in Gänze zu erfassen.

Vergessen sind die Klamotten, die Ketten, die Kronleuchter. Der Junge zieht mich komplett in seinen Bann. Offenbar kann er nicht ohne Unterstützung aufrecht sitzen und auch seine Bewegungen nicht wirklich koordinieren. Er spricht auch nicht, sondern stößt immer wieder diese

Schreie aus, dann kommt die Frau wieder. Sie wischt ihm den Mund ab, küsst ihn, kassiert weiter: »380 Euro signora! Grazie mille e ciao, arrivederci!«

Ich komme mir vor wie eine Voyeurin, schiebe leicht verunsichert ein paar Blusen auf einer Stange hin und her, will diese Frau tausend Sachen fragen, die mich nichts angehen. Der Junge ist offenbar ihr Sohn. Im Rausgehen wechsle ich noch ein paar Worte mit ihr: »Danke, toller Laden, ist das Ihrer?«

»Ja«, sagt sie, »ciao signora, grazie«, und strahlt mich an.

Wow. Den Rest des Tages bin ich in Gedanken bei dieser Frau und bis heute immer wieder. Wie sie ihren Sohn, der so ganz anders ist, einfach mitnimmt in diese Glitzerwelt, ihn schön zurechtmacht, ihn zeigt. Voller Liebe, voller Selbstverständlichkeit. Weil er eben einfach dazugehört.

ERWARTUNGEN

Kuba hält wirklich alles, was der Reiseführer verspricht: Die Sonne strahlt ununterbrochen vom knallblauen Himmel, das warme karibische Meer ist noch viel türkisblauer als in meinen kühnsten Träumen und die Oldtimer in Havanna noch pinker als auf allen Fotos, die ich gesehen hatte. Die Strände endlos wie die Sehnsucht, die Menschen schön und gut gelaunt, die Frauen selbstbewusst und knallbunt angezogen, es ist eine Wonne, sie anzuschauen. Die Insel lockt mit wunderschönen Städten und einer traumhaften Natur, man weiß gar nicht, wo man zuerst hinfahren soll. Und das ist auf jeden Fall Pflicht: Kuba *muss* man auf einer Rundreise kennenlernen!

Genau das wollen wir in unserer *Wunderschön*-Sendung zeigen: die besten Tipps für den Trip, ein Roadmovie. Acht Tage lang fahre ich zusammen mit unserem Kamerateam über die Insel. Eindrücke, die ich nie vergessen werde, und Abenteuer, wo man sie nicht vermutet: zum Beispiel die Fahrt auf der kubanischen Autobahn.

Wir planen eine Tour die Nordwestküste hinunter, 200 Kilometer von der Hauptstadt Havanna nach Viñales. 200 Kilometer, das wäre auf einer (freien) deutschen Autobahn in geschmeidigen zwei Stunden zu machen, hier rechnen wir mal mit vier Stunden, die Straßen in Kuba sollen nicht ohne sein. Und das fängt schon damit an, dass man sie erst einmal finden muss. Straßenschilder sind auf Kuba durchaus vorhanden, aber nie dort, wo man sie braucht.

Aber wo sollte es eine gute Beschilderung geben, wenn nicht in der Hauptstadt? Weit gefehlt. Die Autobahn jedenfalls scheint eine Beschilderung nicht verdient zu haben. Es gibt sie, so viel ist klar, aber wo?

Jetzt denken Sie vielleicht: Schaltet halt das Navi ein! Aber GPS ist hier verboten.

Da lob ich mir doch die gute alte Old-School-Papierkarte! Technischer Fortschritt hin oder her, manche Dinge sollte man wirklich nicht zu schnell abhaken! Ich sitze also mit einer großen faltbaren Landkarte auf dem Beifahrersitz, versuche mich zu orientieren und unser Auto zu lotsen.

Kuba ist in jeder Hinsicht eine Zeitreise. Nach über einer halben Stunde Suche finden wir die Auffahrt auf die Autobahn schließlich doch … wir merken es aber nicht gleich! Sie kommt daher wie eine stinknormale, etwas breitere Straße, mit dem einzigen Unterschied, dass zwei Fahrbahnen in die gewünschte Richtung führen, manchmal gibt's einen Mittelstreifen, manchmal auch nicht.

Natürlich habe ich nicht erwartet, dass die Autobahn auf Kuba so aussieht wie bei uns in Deutschland. Aber insgeheim offenbar doch, Frau Grießmann! Sonst würde ich mich doch jetzt nicht so sehr wundern! Eine weitere, tief in meinem Inneren verankerte Erwartung lautet: »Auf Autobahnen fahren die Autos schnell.« In diesem kurzen Satz stecken tatsächlich schon drei Fehler, drei falsche Erwartungen. Aber der Reihe nach.

1. Erwartung: »Fahren«
Muss nicht. Kubaner halten auf der Autobahn auch einfach mal an. Es geht doch schnell, wenn man nur kurz was aus seinem Kofferraum holen will oder eben eine Pause braucht. Die Menschen auf der rechten Fahrbahn winken uns freundlich zu, als wir sie langsam und glotzend überholen.

2. Erwartung: Auf der Autobahn sind Autos unterwegs
Schon. Aber in Kuba sind auch Fußgänger und Fahrräder auf der Autobahn unterwegs, dazu Pferdekutschen und ab und zu auch Ochsenkarren. Schade, dass mein Gesichtsausdruck nicht gefilmt wurde, als ich das erste Mal Ochsen auf der Schnellstraße gesehen habe. Ich glaub, die Tiere haben im Vergleich zu mir in diesem Moment deutlich intelligenter ausgesehen. Noch nie habe ich solche Ochsen wie auf Kuba gesehen! Riesige Tiere mit einem mächtigen Höcker auf den vorderen Schulterblättern und dicken, teilweise richtig langen geschwungenen Hörnern. Urviecher! Am beeindruckendsten sind sie ganz in weiß. Zwei Ochsen nebeneinander eingespannt vor einem Karren, unterhalb der Hörner zusammengebunden mit dicken, groben Seilen, das

ist wirklich eine Schau. Aber so ein Gespann ist mitnichten schnell. Und damit sind wir bei Punkt 3:

Nix schnell.
Das wäre auch keine gute Idee, hier richtig schnell zu fahren. Wie alle kubanischen Straßen hat auch die Autobahn Löcher, zum Teil so breit und tief, dass sich ein größerer Hund darin bequem zum Schlafen zusammenrollen könnte. Vielleicht kommt ein Hund sogar mal auf die Idee? Eins ist jedenfalls klar: Sollten wir mit dem Mietwagen in so ein Loch brettern, war's das. Eine »Straßenwacht« oder eine Pannenhilfe wie den ADAC gibt's auf Kuba nicht. Aber grundsätzlich jede Menge freundliche und hilfsbereite Menschen, vor allem auf der Autobahn.

Zusammenfassend kann man festhalten, dass die kubanische Autobahn von den Einheimischen als eine Art große Kommunikations- und Handelsfläche angesehen wird.

Nach ein paar Kilometern auf der Piste haben wir mit den Fahrrädern und Ochsenkarren unseren Frieden gemacht und fahren gemächlich vor uns hin, als in 50 Metern Entfernung plötzlich ein Mann mitten auf die Fahrbahn springt und aufgeregt mit seinem Hut winkt. »Halt lieber mal an«, sage ich zu unserem Tontechniker, der am Steuer sitzt, »vielleicht ist ja was passiert!« Wir halten an, einen Seitenstreifen gibt es gerade nicht. Auch das zweite Teamfahrzeug hinter uns hält. Als wir gerade die Scheibe herunterkurbeln, um zu fragen, was passiert ist, zeigt der Mann zu den Büschen am Straßenrand. Von dort aus läuft eine kleine Frau mit einem riesigen Tablett auf dem Kopf winkend auf unser Auto zu. Jetzt lacht auch der Mann, als die Frau uns strahlend das große Kuchenblech vor dem offenen Fenster präsentiert: Ein duftender, heller Blechkuchen mit einer knallgrünen Zuckerglasur, alles sorgfältig unter Frischhaltefolie verpackt. Die beiden schauen uns erwartungsvoll an. Ob wir den Kuchen nicht kaufen wollen? »Ganz frisch aus dem Ofen, hat meine Frau heute Morgen gebacken«, versichert uns der Mann stolz. Wir sind für einen Moment sprachlos.

Was ich gerne gesagt hätte: »Sind Sie eigentlich verrückt? Wie können Sie uns so erschrecken! Fast hätten wir Sie überfahren! Wir dachten, es ist etwas passiert. Und das alles nur wegen grünem Kuchen?!?«

Aber das sage ich dann doch nicht, weil die beiden genauso süß sind wie ihr grüner Zuckerkuchen. Meine Mitfahrer und ich atmen tief durch, sagen freundlich »nein danke« und fahren weiter. Wir fühlen uns ein wenig schäbig, weil die beiden so enttäuscht waren. Es bleibt nicht das einzige Schuldgefühl. Die nächste Überraschung wartet schon nach wenigen Kilometern auf uns. Dieses Mal möchte jemand ein kleines Möbelstück verkaufen, ein Schränkchen. Ob wir das nicht brauchen können? Entschieden »nein«. Und wieder enttäuschte Blicke. Inzwischen ist uns klar: Die Autobahn ist ein Open-Air-Markt. Man muss wirklich gut aufpassen, weil immer wieder Menschen auf die Fahrbahn springen, um etwas anzubieten. Jetzt wird mir auch klar, warum man uns geraten hat, auf keinen Fall nachts auf der Autobahn zu fahren … Eine Straßenbeleuchtung gibt's hier nämlich nicht. Und wenn auch nachts plötzlich Menschen vors Auto springen, dann wird's richtig sportlich …

Inzwischen sind wir geübt, erspähen schon von ferne die Familie mit dem Backblech oder den Mann mit dem Brotkorb am Gebüsch neben der Autobahn und halten gar nicht mehr an. Stattdessen rollen wir freundlich winkend wie die Queen langsam an den erwartungsvollen Gesichtern vorbei. Aber dann rennt plötzlich doch völlig unerwartet eine junge Frau auf die Fahrspur. Es sieht so aus, als wäre sie in Not und das Ganze wirklich dringend. Wir halten an.

»Vielen Dank!«, ruft die zierliche Frau, die eine Hand schon am Türgriff des Wagens. Mit der anderen Hand winkt sie ihre beiden halbwüchsigen Söhne heran. »Wir wollen nur ein Stückchen mitfahren« – mit diesen Worten öffnet die Frau bereits die Tür. Ihre Jungs haben noch ein bisschen Gepäck dabei und grinsen uns hoffnungsvoll an.

»Oh, das tut mir leid, das geht nicht«, sagt unser Fahrer, »wir sind voll besetzt.« Die Frau streckt ihren Kopf ins Auto. Wir sitzen zu viert in einem geräumigen Van mit Einzelsitzen, zwei vorne, zwei hinten, der Kofferraum voller Kameraequipment. Ihr fragender Blick sagt schon alles, aber sie spricht es auch aus: »Wieso voll?« Sie schaut uns, während sie spricht, mit ihren kugelrunden schwarzen Augen an und hebt dabei zur Untermalung die Hände.

»Alle Sitzplätze sind belegt«, sagt unser Fahrer.

»Ja, aber dazwischen ist doch noch genug Platz!«, ruft die Frau und zeigt in unseren mit Teppich ausgelegten Fußraum. Sie hat recht.

Wenn wir unsere Beine ein bisschen einzögen, könnte hier locker noch eine kubanische Kleinfamilie samt Gepäck auf dem Boden sitzen.

»Es geht leider nicht, wir sind zum Arbeiten hier. Wir dürfen das nicht, wegen der Versicherung ...«

Die Frau blickt uns völlig verständnislos an, ihre beiden Jungs lassen die Schultern hängen.

Nach einer weiteren kurzen Diskussion ziehen sich die drei kopfschüttelnd und gestikulierend zurück. Alle im Wagen schweigen und ich schäme mich.

Wie wir reagiert haben, war korrekt und doch für hiesige

Gepflogenheiten völlig Banane. Nicht auszudenken, was wäre, wenn unterwegs etwas passieren würde. Wenn wir einen Unfall hätten, würden die drei durch den Wagen fliegen und sich verletzen, weil sie nicht angeschnallt sind.

Ich glaube, auch wenn wir eine Stunde lang versucht hätten, unsere Entscheidung zu erklären, es hätte nicht funktioniert. Zu unterschiedlich sind die Mentalitäten in Deutschland und in Kuba. Und zu verschieden die Verhältnisse. Wer auf Kuba kein Auto hat und auch kein Geld für den Bus, fährt per Anhalter. Jeder hilft jedem. Wir stehen als Schnösel da.

Während wir mit gemäßigtem Tempo weiterfahren, hoffe ich auf den nächsten Straßenverkäufer, der einfach irgendwas verkauft, was ich problemlos in meine Tasche stecken kann. Ich will diese liebenswerten Menschen nicht enttäuschen! Aber es gibt unterwegs nichts, was ich mit nach Hause bringen könnte. Die Autobahn ist heute ein einziger kilometerlanger Fressstand. Hühnerbeine bekommen wir angeboten, gegrillten Fisch und süße Teilchen, diesmal mit weißem Zuckerguss …

Nach Stunden erreichen wir das grüne Tal von Viñales. Und sind richtig erleichtert. Aber der Rückweg steht uns ja noch bevor. Hasta la vista Autobahn, wir kommen wieder!

MIT DEM WASSERTAXI ÜBER
DEN DUBAI-CREEK

Wenn ich reise, freue ich mich auf ein fremdes Land, andere Sitten, anderes Essen, andere Lebensart. Dubai ist in dieser Hinsicht eine Verheißung. Die Glitzerstadt am Persischen Golf. Der Superlativ ist die erklärte Lebensart, alles steht offensichtlich unter dem Motto: Schneller, höher, weiter. Mitten in die Wüste haben sie diese Oase gebaut, die für Luxus, Reichtum und Lifestyle steht. Alltag ist in Dubai nicht vorgesehen, alles kommt glamourös daher. Goldautomaten schon am Flughafen, »Gold to go«, falls man mal eben einen Goldbarren braucht – Service ist alles, und selbstverständlich auch zum aktuellen Goldpreis!

Der Emir hat Geld. Das soll jeder sehen und jeder wissen. Burj Khalifa, das höchste Gebäude der Welt, zieht jeden in seinen Bann. Wie eine Nadel sticht es in den Himmel, oft ist die Spitze nicht zu sehen, verschwindet in den Wolken. Ein weiterer Superlativ ist die Dubai Mall, die größte Einkaufsmeile der Welt, mit einem gigantischen Aquarium als zusätzliche Attraktion. Zwischen Chanel-, Prada- und Gucci-Shops ziehen hier tatsächlich Haie ihre Kreise.

Ein breiter Meeresarm des Persischen Golfs teilt Dubai in die beiden Stadtteile Bur Dubai und Deira. Am Dubai Creek, dem Hafen, für mich einer der schönsten Orte der Stadt, pulsiert das Leben. Der Hafen ist wie ein riesiges Wimmelbild, man weiß gar nicht, wo man zuerst hinschauen soll. Unzählige hübsche Abras, altmodische, flache Wassertaxis mit Baldachinen, werden von furchtlosen »Elektrogondolieri« in waghalsigen Manövern umeinander herumgesteuert. Früher haben diese Boote hauptsächlich

Waren transportiert, heute schippern sie Touristen, Einheimische und Arbeiter den ganzen Tag hin und her.

An den Hafenmolen liegen alte, pittoreske Handelsschiffe, die Dauen, meist blau-weiß angestrichen, viele mehrstöckig, mit gedrechselten und verzierten Holzbalkonen. Manche Dauen werden als schwimmende Restaurants oder für kleine Flusskreuzfahrten genutzt, andere stechen heute noch in See und transportieren Waren bis nach Indien oder Sansibar. Diese Schiffe zu betrachten ist wie eine Zeitreise: Man fühlt sich hineinversetzt in einen historischen Roman, dessen Handlung sich um Handel und Seefahrt dreht, in Geschichten aus Tausendundeiner Nacht. Hier am Dubai Creek ist Dubai begeisternd authentisch und ursprünglich. Horden von Möwen sind unterwegs, um ein paar Krümel abzustauben. Mit ihrem Geschrei verbreiten sie Küstenatmosphäre – kurz in den Arm kneifen – wir sind mitten in der Wüste! Aber auch am Dubai-Creek ist der Landesherr omnipräsent: Auf zwei gigantischen Hochhäusern prangen riesige, völlig überdimensionierte, ikonische Porträts des Emirs Mohammed bin Rashid Al Maktoum und seines Sohnes Prinz Hamdan. Majestätisch blicken sie über den Trubel hinweg ins Weite – das macht schon was her. Die Familienverhältnisse sind unübersichtlich, bis zu 30 Kinder soll der Emir haben, mit mehreren Frauen natürlich, das ist hier Ehrensache. Vor allem der Thronfolger, Sohn Hamdan, lässt sich feiern wie ein Popstar. Er gilt als Schöngeist der Familie. Seinen über elf Millionen Followern auf Instagram zeigt er sich volksnah, ebenso wie auf seiner aufwendig gestalteten Internetseite. Hamdan schreibt Gedichte und ist *der* Frauenschwarm im Emirat. In jedem noch so kleinen Souk werden glitzernde Handyhüllen mit seinem Konterfei verkauft, geschmückt mit Tausenden bunten Zirkoniasteinchen. Fast hätte ich mir eine solche Hülle gekauft. Schon nach zwei Tagen in Dubai droht man die Distanz zu verlieren und macht begeistert Handyfotos, wenn irgendwo die Ferrari-Flotte der Prinzen auftaucht. In Knallgelb, Knallgrün und Knallorange stehen die Wagen vor den teuersten Hotels. Meine Begleiterin kann mir genau sagen, welcher Prinz welches Nummernschild hat. Die Brüder zeigen sich gern ihrem Volk, bei dem sie durchaus beliebt sind. Irgendwo müssen die Herren ja hin mit ihrer Zeit.

Gegenüber seinen etwas mehr als 200 000 Einwohnern erweist sich der Emir als großzügig: es gibt keine Einkommenssteuer in Dubai, viele Emiratis sind reich und müssen nicht arbeiten. Die Arbeit machen andere: 2 Millionen sogenannte »Expats« (»ex patria« bedeutet »außerhalb der Heimat«) leben in Dubai, oft in prekären Verhältnissen. Der Großteil von ihnen stammt aus Indien, Pakistan oder den Philippinen.

Während der Corona-Pandemie protzte das Emirat aber auch mit Fürsorge – im Frühjahr 2021, als bei uns in Deutschland noch viel zu wenig Impfstoff zur Verfügung stand, organisierte der Emir kurzerhand eine groß angelegte Impfkampagne für Einheimische *und* Expats. Die Krönung: Ein britischer Luxusreiseanbieter wirbt mit Impftrips nach Dubai. An- und Abreise im Privatjet, 21 Tage Urlaub im 5-Sterne-Ressort inklusive zwei Impfdosen für schlappe 45 000 Euro …

*

Dubai ist in verschiedenster Hinsicht ein unvergessliches Erlebnis. Noch nie war ich in einer südlichen Stadt, in der es keine Straßenkatzen gibt! Herumstreunende Hunde und Katzen gehören in Spanien, Italien, Griechenland, Frankreich, aber auch in Argentinien, Mexiko, Kuba oder Namibia zum Straßenbild. In Dubai, einer Dreimillionenstadt: nichts. Hunde sind hier nicht gefragt, erfahre ich bei den Dreharbeiten en passant, im Islam gelten sie als unrein, Moslems halten keine Hunde. Okay. Andere Tiere? Oh ja. Abgerichtete Falken und teure Rennkamele. Beide gehören zu den Statussymbolen der Scheichs und werden auch gerne in den Palästen und Luxussuiten der Reichen auf Fotos präsentiert. Apropos Kamele. Die Emiratis trinken gerne Kamelmilch und der Kölner Martin van Almsick, der nach Dubai ausgewandert ist, hat daraus eine erfolgreiche Geschäftsidee kreiert: Er stellt Kamelmilchschokolade her, und zwar auch als goldglänzende Hohlfiguren. Statt des Schokonikolaus gibt's in Dubai eben das Schokokamel. Kamelschokolade schmeckt leicht und ein bisschen salzig.

Den Besuch in der Wüste auf Martins Kamelmilchfarm werde ich nie vergessen: in großen Freilaufställen leben 8000 freundliche Kamele, für die Kamera darf ich sie mit (gigantischen) Möhren füttern und bin schockverliebt. Es sind wirklich liebenswerte Tiere mit wunderschönen Augen, langen, geschwungenen Wimpern und wunderbar weichen, großen wulstigen Lippen, die auf meiner Handfläche rumschubbern und kitzeln. Die Kamele sehen unglaublich unterschiedlich aus! Jedes auf seine Art originell. Während ich mit den Kamelen instinktiv auf Schwäbisch kommuniziere (mit Tieren immer), erzählt mir Martin von den Herausforderungen der Kamelmilchgewinnung. Im Gegensatz zu Kühen haben Kamele so unterschiedliche Euter, dass man verschiedenste Melkmaschinen einsetzen muss und viel Handarbeit nötig ist.

Den Kamelen geht es auf dieser Farm augenscheinlich blendend, sie werden geradezu hofiert. Eine Kameldame werde ich nie vergessen: Sie hat eine lange, verstrubbelte und abstehende Hippiemähne und wird von den Arbeitern deswegen »Tina Turner« genannt.

*

Auf dem Rückweg zum Hotel laufe ich eines Abends nach Drehschluss durch die Straßen. Erst nach einer ganzen Weile wird mir klar, was mich so irritiert: Es ist alles leer gefegt, blitzsauber, geradezu klinisch rein. Noch nie habe ich eine so saubere Stadt gesehen. Und wie gesagt, nicht die Spur von einem Haustier. Nicht mal eine Ameise kann ich entdecken. Geschweige denn Kakerlaken, die dir in Argentinien von jedem Balkon runterwinken. Die muss es doch hier auch geben?! Ich fange an, hinter Häuserecken und Mülltonnen zu gucken, um doch irgendwo ein bisschen Dreck zu finden – Fehlanzeige.

Von Weitem sehe ich einen Laden, der aussieht wie ein gerade gelandetes Raumschiff, innen erhellt von kaltblauem Neonlicht – ein Tiergeschäft! Aber es ist schon spät, auch dieser Laden hat geschlossen. Ich drücke mir die Nase an der Schaufensterscheibe platt. Was wird hier verkauft? Im Vordergrund stehen ein paar Terrarien. Darin könnten Mäuse oder Hamster gehalten werden. Aber weit und breit kein Tier. Vielleicht schlafen alle schon? Aber Hamster und Mäuse sind doch eigentlich nachtaktiv … Aquarien. Ganz hinten an der Rückwand des Geschäfts fällt mein Blick auf eine wabenartige Regalwand, vorne verglast, von hinten in einem eiskalten Blau-Lila beleuchtet. Links unten bewegt sich etwas. Ich traue meinen Augen nicht. Ein Hundebaby!

Ein süßer kleiner Welpe, wenige Wochen alt, liegt mutterseelenallein in einem weißen, sterilen Plastikfach. Neben ihm ein zusammengeknülltes Stück Papier, das er hin und her schiebt … Total trostlos!

Und ich hoffe sehr, dass dieser kleine Hund irgendwo ein gutes Zuhause gefunden hat, auch wenn in Dubai die Uhren etwas anders gehen als bei uns.

SCHEITERN ALS WEG

Geballte Tierliebe erlebe ich dagegen in der Steiermark. Mein Weg der Demut führt durch das Mariazeller Land und ich werde begleitet von Esel Vili. Und natürlich von Kameras: Eine Woche Eseltrekking steht für eine weitere Folge von *Wunderschön* auf dem Programm! Zusammen mit einer kleinen Gruppe will ich täglich zwischen 8 und 16 Kilometer in den Bergen zurücklegen; übernachtet wird in einfachen Gasthäusern und auf Bauernhöfen. Das Gepäck tragen die Esel in wasserdichten Packtaschen. Ich freue mich auf die Tour wie ein kleines Kind, denn ich liebe Esel!

Esel von Weitem süß zu finden ist leicht. Die schönen samtigen Augen mit den langen geschwungenen Wimpern, die flauschigsten, wuscheligsten Ohren, die man sich vorstellen kann! Voller romantischer Vorstellungen stehe ich vor »meinem« Esel und bin mir sicher: Das wird eine Freundschaft fürs Leben! Doch Vili, so heißt der Esel, stiert in die Ferne und scheint sich nicht weiter für mich zu interessieren. Aber das kann ja noch kommen.

Ich flüstere mit Vili auf Schwäbisch. Wieder keine Reaktion. Aber ich lasse nicht locker, Streicheln hilft doch meistens ... null Reaktion. Er ignoriert mich komplett. Das kenne ich zwar von unserem Kater Puma, aber der war wenigstens kleiner. Als ich den Esel schließlich aus dem Stall führe, habe ich eher den Eindruck, dass Vili mich führt – und nicht umgekehrt. Das mit der Seelenverwandtschaft hat auch schon mal besser funktioniert. Immerhin: Das Striegeln mag Vili und hält schön still.

Morgen soll auf dem Hof in Halltal unsere siebentägige Wanderung durch das Mariazeller Land starten: fünf Esel, fünf Menschen und die Steiermark. Die erste Etappe führt uns nach Mooshuben. Für unsere Anführerin Juditha van den Berg sind die Esel Familienmitglieder. Sie kennt die Tiere seit Jahren, trainiert regelmäßig mit ihnen und erzählt uns viel von der Psyche jedes einzelnen Esels, den Beziehungen der Esel untereinander und in der ganzen Tierfamilie. Sie ist eine Eselflüsterin vor dem Herrn und führt die Leitstute Bali, der die anderen vier Esel, zwei davon Balis Söhne, willfährig folgen sollen. So weit die Idee.

Aber Vili, mein Esel, will nicht so, wie ich will. Während wir bergauf und bergab durch die Wiesen und Wälder der Steiermark stapfen, hat das Tier seine eigene Agenda. Juditha hat uns geraten, auf gar keinen Fall am Seil (»Niemals!«) zu zerren, sondern den Tieren klare Anweisungen zu geben. Das hat Vili auch gehört. Und ich mache es ganz haargenau so, wie Juditha das gesagt hat. Aber wenn Vili zwischendurch Lust hat, ein Weilchen am Wegesrand zu grasen, dann macht er das einfach und zerrt mich an der Leine hinterher. Dabei soll nicht gezerrt werden, Vili!!

200 Kilo Körpermasse, die in Schwung sind, aufzuhalten, ist für einen Menschen schlicht ein Ding der Unmöglich-

keit. Und alles gute Zureden meinerseits ist für die Katz. Vili spürt meine Esel-Unerfahrenheit und nutzt sie schamlos aus. Wie ein Depp stehe ich da mit dem Seil in der Hand und warte, bis der gnädige Herr sich endlich dazu entschließt, weiterzugehen …

Immer wieder heißt es stehen bleiben. Losgehen. Warten. Und noch mal warten. Es ist zum Verrücktwerden! Wie gerne würde ich ein Tempo gehen, das mir entspricht. So macht man das doch beim Wandern – und ich hatte mich auf »Wandern mit Eseln« gefreut. Tatsächlich aber ist das hier »Esel mit – vielleicht – Wandern«. Manchmal fordere ich Vili leicht sarkastisch mit den Worten »Komm, Chef« auf, mitzuziehen. Das ist doch schon ein Zugeständnis von meiner Seite – aber ich kann ihn nicht erweichen. Jegliche Form von Schmeichelei scheint an dem Tier abzuperlen. Meine Geduld wird jedenfalls den gesamten Tag über ganz schön strapaziert und so langsam verfestigt sich ein unangenehmer Gedanke in meinem Hirn: Dieser Esel spürt instinktiv, dass eigentlich er es ist, der mich am Strick hat … Also doch keine Sturheit, sondern simple Führungsqualitäten – die mir, zumindest bei Eseln, ganz offensichtlich noch fehlen.

Mehrmals bin ich am ersten Tag kurz vor dem Heulen, so sehr strengt mich das Ganze an. Scheitern an sich ist ja noch okay. »Jede Krise ist eine Chance«, »Aus jeder Krise gehen wir gestärkt hervor«, »Wer sich nicht streckt, wächst nicht« – ich kenne diese Sprüche alle und glaube sie auch weitestgehend, aber wer möchte in der Krise schon von zwei Kameras begleitet werden? Augen auf bei der Berufswahl …

Außerdem, warum funktioniert es bei den anderen und bei mir nicht? Zum Glück macht auch Jannas Esel Dodo gerne mal, was er will … Das ist für mich zumindest ein kleiner Trost.

Am nächsten Morgen geht es schon etwas besser. Die Tiere und wir haben uns aneinander gewöhnt. Aber es bleibt eine Herausforderung, insbesondere als es am dritten Tag zu regnen beginnt und wir eine 16 Kilometer lange Wanderung vor uns haben. Wir kommen nur langsam voran und der Regen drückt auf die Stimmung. Vili merkt sofort, wenn ich unkonzentriert bin, und nutzt wieder jede Gelegenheit, um stehen zu bleiben und zu grasen.

Es kostet mich viel Kraft, ihn dann wieder loszueisen, damit es weitergeht. In anderen Momenten rast er vorneweg und ich habe Mühe, ihm klarzumachen, dass doch ich die bin, die sagt, wo es langgeht. Juditha erklärt mir, dass es für den Esel psychisch auch nicht einfach ist, wenn ich nicht eindeutig die Führung übernehme.

Ich sag's mal so: Als ausgebildeter Systemischer Coach bin ich grundsätzlich bereit, für solche Problemstellungen Verständnis aufzubringen. Ich stelle aber fest, dass ich doch leicht beleidigt bin, dass meine Psyche offenbar deutlich hinter der eines Esels rangiert …

»Scheitern als Weg« heißt ein Programm des wunderbaren Kabarettisten Piet Klocke, das mir jetzt wieder einfällt. Das ist die perfekte Überschrift für diese Tour …

Heilfroh bin ich, als wir nach einem besonders schmalen und steilen Wegstück den Ort Gusswerk erreichen. Und richtig sauer bin ich heute Abend: auf mich selbst, auf Vili und den Regen. Ich bin an meine Grenzen gekommen.

Am siebten und letzten Tag der Tour wandern wir mit den Eseln auf den Berg Tonion. Wir starten auf einer Höhe von circa 1000 Metern, bis zum Gipfel sind 600 Höhenmeter zu überwinden. Juditha hat uns erklärt, dass sich die Esel den Weg auf den steilsten Passagen selbst suchen müssen. Es geht extrem langsam voran. Ich befürchte das

Schlimmste, aber Vili hat erfreulicherweise heute irgendwie etwas mehr Lust (oder Mitleid mit mir) und lässt sich nicht ganz so hängen wie an anderen Tagen unserer gemeinsamen Reise. Wir ziehen über schmale Steige durch Wiesen und Wälder, schlängeln uns um große Felsbrocken herum. Auf dieser felsigen Strecke ist Vili mit seinen 4 Beinen ganz klar im Vorteil: Wie eine Gemse klettert er mit seinen kleinen Hufen immer höher den Berg hinauf. Und dann steht es tatsächlich da wie eine Verheißung: das Gipfelkreuz! Wir haben es geschafft, wir sind oben! Das war richtig anstrengend. Und das hier ist definitiv das schönste Kreuz, das ich je gesehen habe! Die Esel werden von ihrem Gepäck befreit, wir alle mit bestem Wetter und strahlendem Sonnenschein belohnt.

»Schau Vili«, sage ich zu meinem Begleiter, wie schön das hier oben ist – aber der Esel hat schon wieder nur eins im Sinn: Fressen.

DAS SAUBERSTE WASSER ÖSTERREICHS

Für eine neue Folge der Sendereihe *Wunderschön* planen wir eine Tour nach Kärnten. Unter anderem steht eine Bootsfahrt auf dem Weißensee an, der als einer der schönsten Seen in Österreich gilt – berühmt für sein fantastisch klares Wasser. Stolz wirbt man mit dem Siegel »Trinkwasserqualität« für einen Besuch in der Region.

Als die Tour geplant wurde, hatte mich ein Redakteur aus dem Team angerufen und gefragt, ob ich ein Glas Wasser aus dem See trinken würde. Das würde man gerne filmen. Klar mache ich das!

Kaum hatte ich aufgelegt, ging das Kopfkino los. Engelchen und Teufelchen starteten einen Schlagabtausch.

Teufelchen: Viele Menschen schwimmen jeden Tag im See, auch kleine Kinder. Die pillern ja auch gerne mal ins Wasser …

Engelchen: Aber der See ist riesig!

Stimmt.

Teufelchen: Es fahren Boote auf dem See, auch solche mit Motoren, kann da nicht mal was auslaufen?

Engelchen: Aber der See ist doch riesig!! Das verteilt sich.

Absolut richtig.

Teufelchen: Wer legt denn eigentlich fest, was genau »Trinkwasserqualität« ist?

Ist das Siegel aktuell oder vielleicht schon 20 Jahre alt?

Engelchen: Die Verantwortlichen werden schon wissen, was sie tun! Wenn die damit Werbung machen, ist das bestimmt aktuell. Es gibt doch so viele Touristen, die endlos Prozesse führen, wenn etwas nicht so ist, wie es versprochen und gebucht wurde …

Oh ja, das stimmt.

Engelchen: Außerdem hast du doch beschlossen, offiziellen Stellen grundsätzlich erst einmal zu glauben. Schließlich gehst du wählen und bist eine Freundin der Demokratie. Eine Trinkwasserbehörde verdient Vertrauen.

Teufelchen: Auch in Österreich?

Auch in Österreich!!!

*

Ein paar Wochen später fahren wir dann tatsächlich nach Süden. Der Teambus ist voll beladen mit Technik: Kameras, Mikrofone, Scheinwerfer und Kabel stapeln sich in großen Aluminiumkisten verpackt im Laderaum. Dazu kommt das Gepäck der Crew. Die Laune ist top, die Stunden vergehen wie im Flug. Schließlich erreichen wir die Berge. Kärnten zeigt sich von seiner besten Seite. Strahlender Sonnenschein, angenehme Temperaturen, eine Bilderbuchlandschaft, durch die mich beim Dreh ein charmanter Kärntner begleitet. Ich liebe den österreichischen Akzent.

Gemeinsam stapfen wir über eine Blumenwiese und plaudern angeregt über das, was es hier in der Region alles zu entdecken gibt, viele Unterschiede und noch mehr Gemeinsamkeiten. Auch der Fischer, mit dessen Boot wir auf dem Weißensee unterwegs sein werden, ist ein Naturbursche. Wir finden direkt Draht zueinander und schwatzen fröhlich vor uns hin, während wir auf den riesigen See rausfahren. Ein traumhaftes Blau, darüber die graublauen Berge mit ihren schneebedeckten Spitzen, ein Hammerpanorama.

Der Dreh läuft gut. Bootsfahrten aufzunehmen ist immer aufwendig, da ein zusätzliches Beiboot mit der Kamera nebenherfahren muss. Der Kameramann klettert auch mal zu uns ins Boot, um Nahaufnahmen zu machen – aber das zweite Boot darf währenddessen nicht zu sehen sein, denn das gibt's ja im Film nicht ... Aus einer geplanten, halbstündigen Bootsfahrt werden so schnell zwei Stunden.

Es ist richtig heiß auf dem See, die Sonne brennt erbarmungslos auf uns herunter. Mein Sonnenhut liegt leider im Begleitboot, aber ich darf ihn eh nicht aufsetzen, weil er bei den Aufnahmen Schatten aufs Gesicht werfen würde. Wir haben trotzdem beste Laune, der Fischer und ich. Dann kommt die Szene mit dem Glas, wir schöpfen Wasser aus dem See. Ansetzen und runter damit, schmeckt gut. Alles klar, die Szene ist im ersten Anlauf im Kasten.

Wir braten noch ein bisschen in der Sonne, während das Begleitboot uns aus der Distanz filmt. Der Fischer erzählt die heißesten Storys. Wenn die Kamera weiter weg ist, passieren (leider) immer die besten Geschichten. Zum Beispiel die Sache mit dem Hirsch. Ein Riesenvieh war das, ein Sechzehnender, ein Hirsch, wie man ihn als Jäger vermutlich nur ein einziges Mal im Leben vor die Flinte kriegt. Ganz in der Nähe des Sees präsentiert der sich sozusagen auf dem Silbertablett – und das in Schussweite! Der Mann gerät ins Schwärmen, als er die Spannweite des Geweihs und die mächtige Statur des Tieres beschreibt. Als Fischer fühlt er sich den Jägern verbunden. Dann gerät die Erzählung etwas ins Stocken, ich kann nicht ganz folgen. »... erst so ein Glück, und dann das ...«, sagt mein Gegenüber. Ich frage nach: »Hat der Jäger das Tier denn nicht getroffen?«

»Doch, schon, aber irgendwie nicht so richtig. Jedenfalls ist dieser Hirsch noch weitergelaufen ...«

»Und dann?«

»Dann ist etwas Saudummes passiert, das wünscht man seinem ärgsten Feind nicht ... Dieses riesige Viech ist tatsächlich in den See gerannt, immer weiter rein, und am Ende einfach untergegangen.«

Untergegangen? Hier im See? Das Boot wackelt ein bisschen, ich schaue ins Wasser hinunter, sehe aber keinen Hirsch. Der Grund ist nicht mal zu erahnen, der Weißensee ist an seiner tiefsten Stelle fast 100 Meter tief.

Mein Gegenüber erzählt weiter: »Tagelang haben sie den Hirsch gesucht, vom Boot aus, mit Netzen, mit Tauchern. Kein Jäger, der etwas auf sich hält, verzichtet auf solch eine Trophäe, das ist doch klar.«

»Glasklar, sage ich, wie der See … und dann haben sie den Hirsch aber gefunden, oder?«

»Das ist es ja …«, der Fischer schüttelt den Kopf, »… das Tier war einfach nicht zu finden, keiner kann es verstehen. Das gibt's eigentlich gar nicht, dass so ein Riesenvieh nicht wieder auftaucht, obwohl sie ganz genau wussten, wo es untergegangen ist, und direkt mit dem Suchen angefangen haben …«

In mir steigt ein flaues Gefühl aus dem Magen ganz langsam die Speiseröhre hoch. »Okay, sage ich, erst mal wurde das Tier also nicht gefunden. Das ist wirklich kaum zu glauben. Aber wann und wie wurde der Hirsch dann am Ende gefunden?«

»Gar nicht. Er blieb tatsächlich spurlos verschwunden. So ein gewaltiges Tier, bestimmt 300 Kilo schwer, einfach weg, bis heute liegt der tote Hirsch irgendwo im See.«

Der Fischer redet weiter, » ist ja schon Jahre her …«, aber ich höre ihm kaum noch zu. Mir ist übel, ich muss aufstoßen. Und ganz langsam kriecht mir die Gewissheit ins Gehirn, dass ich vorhin ein Glas verdünnten »Original Kärntner Sechzehnender« getrunken habe.

DRINGENDE UND UNLÖSBARE ANLIEGEN

Die meisten meiner Lieblingskirchen sind mehr oder weniger zufällige Entdeckungen. Nicht so die Kathedrale Santa María del Mar in Barcelona – die stand auf meiner Wunschliste, seit ich das Buch von Ildefonso Falcones gelesen habe. An einem Nachmittag mache ich mich deshalb auf den Weg zur Kathedrale. Santa María del Mar liegt im Stadtviertel El Born, im Moment eines der angesagtesten Viertel, das konnte man beim Bau der Kathedrale im 14. Jahrhundert natürlich nicht ahnen. Beim Lesen des Buches von Ildefonso Falcones habe ich 650 Seiten lang mit Arnau, dem 14-jährigen Steineschlepper, der sich beim Kathedralenbau verdingt, mitgelitten und mitgezittert. Ich habe mich gefragt, ob die für damalige Zeiten revolutionäre und waghalsige Dachkonstruktion am Ende wirklich hält. Das ist ganz offensichtlich der Fall! Seit über 600 Jahren steht der riesige Bau, der als einer der schönsten gotischen Kirchen der Welt gilt, in Barcelona. Erbaut wurde die Kathedrale innerhalb von nur 55 Jahren.

Plötzlich stehe ich vor dem Eingang, ohne die Kirche überhaupt gesehen zu haben. Es ist gar nicht so leicht, die Kathedrale von außen zu betrachten, da die Häuser ringsherum ihr ganz schön auf die Pelle rücken! Nur mit Nackenstarre kann ich am Bau hochblicken – keine Chance, schöne Fotos von der Fassade zu machen. Es ist auf den umliegenden Straßen und Gassen auch einfach zu voll. Jede Menge Menschen sind hier unterwegs. Overtourism. Schnell rein.

Die traumhaften schönen, bunten Glasfenster und vor allem die riesige Rosette über dem Eingangsportal ziehen mich in ihren Bann. In allen Farben leuchtet das Sonnenlicht durch die Fenster herein, malt bunte Lichtstrahlen auf den Boden und die Wände der ansonsten dunklen Kirche. Eine beruhigende Oase im Touristenrummel.

*

Bei einer meiner kurzen Fluchten bekomme ich das Heiligenbildchen, das mich seitdem begleitet. Wir sind zum Filmdreh auf der Festung Fortaleza de Sagres an der portugiesischen Algarve. Das Ganze erweist sich als eine etwas zähe Angelegenheit, auch wenn mir unser Drehbuchautor versichert, dass dieses Denkmal mit seiner großen Bedeutung auf gar keinen Fall in unserem *Wunderschön*-Film über die portugiesische Algarve fehlen darf. Schon am Fuß des Steinklotzes gibt es die ersten Diskussionen mit dem Mann, als ich die Sendung gutgelaunt anmoderiere. Aufgeregt betritt er den Drehort und fragt mich, wo ich das denn alles herhabe?

Alles, was ich mir im Reiseführer über Portugal angelesen habe, erklärt er kurzerhand für falsch. Auch wenn im zweiten Buch das Gleiche steht, ist es aus seiner Sicht Quatsch. »Aus dem Reiseführer?!«, ruft er entsetzt. »Reiseführer! Jedes Kind weiß, dass da jede Menge Blödsinn drinsteht.«

In seinem früheren Leben war der Mann Lehrer, nun schaut er mich mitleidig an. Dass ich einen halben Kopf größer bin als er, macht die Situation nicht einfacher.

Über uns brennt erbarmungslos die portugiesische Sonne, die mit jedem Satz, den wir wechseln, etwas höher steigt. Um uns herum steht der Rest vom Team und scharrt mit den Füßen im Festungsstaub. Vermutlich würden wir heute noch dort stehen, wenn ich nicht klein beigegeben hätte. Auf jeden Fall beginnt der Tag für uns beide mit hohem Puls …

Die Festungsanlage liegt auf einer 1000 Meter langen und 300 Meter breiten Landzunge. Heinrich der Seefahrer hat hier zeitweilig gelebt …

Auf der einen Seite das Meer und die steilen Klippen, auf der anderen, dem Land zugewandten Seite, mit hohen Mauern gesichert, war die Festung früher schwer einzunehmen. Dennoch wurde sie bei einem Piratenangriff im 16. Jahrhundert und dem Erdbeben im Jahr 1755 weitgehend zerstört.

Das Team dreht Übersichtsaufnahmen vom Ort. Ich werde gerade nicht gebraucht. Trotz der Hitze schlendere ich eine Weile übers Gelände. Und dann sehe ich sie: eine kleine Kapelle, die so anmutig dasteht in ihrem strahlenden Weiß, dass sie für mich gar nicht in die karge Szenerie passt. Ich betrete die Kapelle, ein schmaler, länglicher Raum, vorne ein Bogen mit einem goldenen Altarbild. Ein Mantel aus Ruhe und angenehmer Kühle umhüllt mich. Ich bin fast allein, setze mich in eine Bank, bewundere die Schlichtheit. Ein Segen. Fünf Minuten für mich, mehr braucht es nicht. Fünf Minuten, das kann an einem Tag wie heute purer Luxus sein.

Als ich die Kapelle verlasse, verabschiedet mich ein Mann, der mich beim Eintreten schon sehr freundlich begrüßt hat, mit einem Heiligenbildchen. »Santo Expedito« steht in Portugiesisch auf dem Kärtchen. Und »O santo das causas urgentes e impossíveis« – »Heiliger Expedito, der Heilige für dringende und unlösbare Anliegen«, dazu das Bild eines grüßenden Soldaten.

Ich brauche zwar eigentlich keinen Heiligen, aber wenn, dann den für dringende und unlösbare Anliegen! Das ist der Knaller! Spontan überzeuge ich unseren Redakteur, dem Expedito einen kleinen Auftritt in der Sendung zu verschaffen, das hat er ja schließlich verdient mit seinem schwierigen Sujet! Expedito soll übrigens ein aus Armenien stammender römischer Legionär gewesen sein, der sich zum christlichen Glauben bekannt hat. Achtung Reiseführerwissen!!!

HE TOOK THE SOUP

In Irland war ich noch nie! Ich bin echt gespannt, als ich erfahre, dass wir dort eine Folge der Sendung *Wunderschön* drehen werden. Es erwartet mich eine traumhaft schöne Landschaft: schier unendliche, sattgrüne hügelige Wiesen mit frei laufenden Schafen und Kühen. So schön, dass es fast schon unwirklich ist. Immer wieder denke ich: »Ich bin im Paradies. Oder in Mittelerde.« Dann überlege ich, wie es wäre, wenn ich mich in den rotbackigen Schaffarmer verlieben würde, der seine Farm mitten im Auenland hat. Oder in den singenden Naturpark-Ranger, der, als ich ihm begegne, mit dem dort nistenden Seeadlerpärchen spricht. Beide Männer sind alleinstehend und noch zu haben. Aber möglicherweise hat das seine Gründe … Ob es wirklich ein Traum ist, bei Wind und Wetter das ganze Jahr da draußen in der Einsamkeit zu leben? Die einzige Abwechslung: Mal kommt der Regen von links, dann wieder von rechts …

Einmal machen wir eine Drehpause in einer urgemütlichen Mischung aus Pub und Café. Ich fühle mich wie bei

Oma zu Hause: überall Deckchen, Kännchen und Spiegelchen. Und schön warm, das ist das Allerwichtigste, denn draußen vor der Tür regnet es Hunde und Katzen. Zum Glück gibt es im Café auch eine heiße Suppe. Mein Team und ich kommen mit einem älteren Herrn, der am Nebentisch sitzt, ins Gespräch. Er unterhält sich zunächst mit unserem Guide und will wissen, wo wir heute noch drehen. »Ach ja …«, sagt er kopfnickend, den Menschen, den ihr nachher treffen werdet, kennt man hier überall – »he took the soup«.

»Er hat die Suppe genommen?«. Ich frage nach, während ich meine Suppe löffle, was das bedeutet, und bekomme dann eine Geschichte zu hören, die ich nie wieder vergessen werde.

Die traditionellen irischen Familiennamen beginnen oft mit einem Präfix wie dem »O'«; die Menschen heißen hier O'Kelly oder O'Neill. Manchmal wird auch ein »Mac« vor den eigentlichen Familiennamen gesetzt – dafür dürfte MacDonald das bekannteste Beispiel sein. Mac steht für »Sohn von …«, »O'« für »Enkel von …«; also bedeutet O'Brian z. B. »Enkel des Brian«. Manche Familiennamen im heutigen Irland haben dieses »O'«, manche nicht. Warum?

Das erklärt die dramatische Geschichte, die ich heute im Pub erzählt bekomme: Irland hat mehrere große Hungersnöte hinter sich, bei der schlimmsten, der »Great Famine« von 1846–51, sind mindestens eine Million Iren verhungert und zwei Millionen Menschen ausgewandert. Dieses nationale Trauma wird uns in den nächsten Tagen noch öfter bei unseren Dreharbeiten begegnen. Der Grund für diese verheerende Hungersnot waren mehrere durch Kartoffelkäfer und Kartoffelfäule vernichtete Ernten. Harte Winter und Epidemien verschlimmerten die Situation dramatisch. Wer nicht auswandern konnte, musste immer wieder Hunger leiden. Über Monate trat kaum Besserung ein. Protestantische Gemeinschaften, die aus England stammten, richteten Suppenküchen für die Armen ein, aber manche von ihnen stellten anscheinend Bedingungen. Wer eine Suppe haben wollte, musste zum protestantischen Glauben übertreten und das gälische »O'« ablegen. Wer »die Suppe nahm«, wurde von »O'Neill« zu »Neill« und war – zumindest am Namen – nicht mehr als Ire zu erkennen. So die Legende. Deshalb das wissende »He took the soup« des Mannes mit Blick auf seinen Nachbarn, den wir heute treffen wollten.

Die irischen Familien, die weiterhin das »O'« vor ihrem Namen tragen, tun das voller Stolz und blicken auch heute noch auf diejenigen herab, deren Vorfahren vor Generationen die Suppe genommen haben, anstatt für ihren irischen Namen und Glauben zu sterben …

Egal ob sich das alles tatsächlich damals so zugetragen hat – fest steht, dass die Engländer ab dem 12. Jahrhundert versucht haben, in Irland an Einfluss zu gewinnen, und das, über die Jahrhunderte hinweg, mit immer brutaleren Methoden. Der Mann im Café kommt ins Erzählen und berichtet von weiteren Grausamkeiten der Engländer. So verboten sie irgendwann der Bevölkerung, ihre Sprache zu sprechen, das Irisch-Gälische. Grundschulkindern wurde der »Tally-Stick« um den Hals gehängt, ein Stück Holz, in das eine Kerbe geritzt wurde, wenn das Kind beim Irisch-Sprechen erwischt wurde. Am Ende des Tages wurden die Kinder mit dem Holz verprügelt – zehn Kerben, zehn Schläge.

BIELEFELD MEETS THE ROLLING STONES

Bielefeld ist eine meiner Teilzeit-Heimaten. Wir haben es am Anfang nicht leicht miteinander. Denn die Bielefelder lieben das Unterstatement.

Beispiel: Ostwestfalen-Lippe als potenter Wirtschaftsstandort Deutschlands? Quasi Geheimwissen. Konzerne wie Oetker, Miele, Bertelsmann oder Melitta machen nicht viel Trara um ihre Erfolge. Man trägt die Brillanten lieber auf der Innenseite des Rings, muss ja nicht gleich jeder sehen. Ich bin mit Mitte 20 und emotional das glatte Gegenteil.

Direkt unter unserer Wohnung in der Bielefelder Altstadt ist ein Juweliergeschäft mit einer unglaublich netten Inhaberin. Gudrun Presse stammt aus dem Ruhrgebiet, Gelsenkirchen-Buer, und redet, wie ihr der Schnabel gewachsen ist. Eine Wohltat unter den wortkargen Ostwestfalen (die Franken sind genauso maulfaul, ich kenn das Spiel schon ...). Ab und zu schaue ich bei ihr rein und wir schwatzen eine Runde. Eines Tages erzählt mir Gudrun Presse eine Geschichte, die meinen Blick auf Bielefeld grundlegend ändert.

Meinen Erstgeborenen umgeschnallt singe ich Frau Presse gerade mal wieder das selbstmitleidgetränkte Klagelied einer in der Provinz Darbenden, da sagt Frau Presse zu mir: »Frau Grießmann, so schlimm ist das alles gar nicht. Sie sind eine junge Frau! Wer weiß, was Ihnen noch alles begegnet im Leben, manchmal passieren ja Sachen, die glaubt man gar nicht. Ich hätte auch nie gedacht, dass ich mal mit Mick Jagger im Auto sitzen würde.«

Was sagt sie da?! Ich hänge an ihren Lippen. Mein Tag ist gerettet.

Gudrun Presse erzählt: »Das Ganze ist 1970 passiert, ich war 22 und arbeitete in Hamburg als Goldschmiedin beim besten Juwelier am Platze, Hofjuwelier Wilm an der Binnenalster. Ein Sonntag, die ganze Belegschaft war im Laden, um Inventur zu machen, da klingelte das Telefon. Mick Jagger wollte vorbeikommen und ein Schmuckstück für seine Frau kaufen.«

»Ich krieg die Motten! Waren Sie da nicht furchtbar aufgeregt, Frau Presse?«

»Ach nö, für mich sind alle Menschen erst mal gleich …«

»Dann stand ER im Laden: Mick Jagger. Vor der Tür wartete sein Taxi.«

»Wie sah er aus, was hatte er an?!« Ich will alles wissen!

»Jeans …«, berichtet Frau Presse beiläufig, »… sehr lässig, ein zerknittertes Hemd, bisschen verwahrlost sah er aus und ich schätze mal, dass er ziemlich bekifft war oder etwas Ähnliches, auf jeden Fall dauerte es ewig, bis er wusste, was er wollte … Über zwei Stunden ließ sich Mick Jagger alle möglichen Schmuckstücke zeigen und konnte sich nicht entscheiden. Er wird vom Chef bedient, alle anderen tun so, als sei nichts.«

Dann die Entscheidung: Es wird ein Armband, üppig besetzt mit Saphiren und Diamanten, beweglich gearbeitet – Gudrun darf es anlegen, damit Mick gucken kann, wie es an einer Lady aussieht, und sich vorstellen kann, wie es wohl am Arm seiner Bianca wirkt …

Kostenpunkt für das edle Teil: 48 000 DM.

Kein Thema, der Rolling Stone will bar bezahlen. Das Geld liegt allerdings im Hotelsafe.

Es folgt eine kurze Diskussion unter den anwesenden Mitarbeitern, jemand soll mitfahren und das Geld entgegennehmen.

»Gudrun, du fährst mit«, sagt der Chef.

Frau Presse!!! Sie sind mit Mick Jagger ins Hotel gegangen?! Ich kann's nicht fassen.

Jede Menge Geld würde ich dafür bezahlen.

Aber Frau Presse erzählt ganz entspannt weiter: »Ach, das ist so lange her ... Und so aufregend war das auch nicht. Ich wollte das ja gar nicht, aber wenn der Chef das sagt ...«

Schließlich sind Mick Jagger und ich dann zusammen aufgebrochen. Ich hatte ein Köfferchen mit dem Armband dabei. Vor dem Geschäft wartete sein Taxi.

Vor meinem inneren Auge läuft ein Hammerfilm ab: Gudrun Presse sitzt zwischen Keith Richards und Mick Jagger auf der Taxirückbank. Mick Jagger hängt mit dem bekannten Schlafzimmerblick und diesem rattenscharfen Schmollmund im Sitz und schaut zum Fenster raus. Keith Richards trägt große Ohrringe und ein weit ausgeschnittenes Shirt, darüber eine Lederjacke. An seinen Fingern stecken fette Totenkopfringe. Die eine Hand ruht auf seinem Oberschenkel, mit den Knöcheln der anderen trommelt er gegen die Autoscheibe. Dazwischen Gudrun Presse aus Gelsenkirchen-Buer. Alles wäre möglich. Ihr Leben könnte sich an diesem Tag komplett verändern.

Wie hat sie wohl ausgesehen damals? Meine Fantasie geht mit mir durch. Frau Presse holt mich in die Realität zurück: »Als ich mit Mick Jagger auf dem Bürgersteig vor dem Taxi stand, hab ich gesagt: ›Nö, also da steig ich nicht ein.‹«

»Warum nicht?«

»Der Wagen war ja voll mit Männern, auf der Rückbank saßen schon zwei Kerle und ich sollte mich dazuquetschen. Da hab ich gesagt, das mach ich nicht ...«

Ich bin fassungslos. Aber Frau Presse hat schon längst weitererzählt, während sie ein paar Ringe im Schaufenster sortiert.

»Mein eigenes Auto stand ja auch nicht weit weg, ich hab gesagt, ich komm nach.«

Der Rest ist schnell erzählt. Vor lauter Aufregung ist Gudrun Presse erst einmal zum falschen Hotel gefahren, kein Jagger da. Aber dann ist sie im richtigen Hotel gelandet, wird zur Suite gebracht, wartet kurz im Vorraum. Mick Jagger kommt, reicht ihr 48 Tausenderscheine. Sie gibt ihm das Armband. Das war's.

Ich möchte hysterisch herumschreien und Frau Presse um den Hals fallen. Was für eine Geschichte! Wie cool ist das denn! Bielefeld ist für mich wie neu geboren an diesem bis eben noch ereignislosen, langweiligen Vormittag. Ich laufe durch die Fußgängerzone und stelle mir vor, was diese Menschen, die mir da mit unbewegten Gesichtern entgegenkommen, wohl schon alles erlebt haben? Und es nur nicht erzählen! Die Welt ist eine Schatzgrube voller fantastischer Geschichten!

Schritte in unbekanntem Terrain

SCHOCKVERLIEBT IN AFRIKA

Eine meiner spektakulärsten Reisen für *Wunderschön* geht nach Namibia, ein fantastisches und großes Reiseland. Wenn mir vorher einer gesagt hätte, dass ich dort einen meiner wildesten Küsse ever erleben werde, ich hätte ihm einen Vogel gezeigt!

Namibia ist locker zweimal so groß wie Deutschland. Auf dieser enormen Fläche leben nur 2,3 Millionen Einwohner – also deutlich weniger als in Berlin! Das heißt viel Platz für Tiere, Tiere, Tiere! Und was für welche! In Namibia lebt alles, was einem zu wilden Tieren einfällt: Elefanten, Löwen, Büffel, Nashörner, Krokodile, Leoparden, Schlangen, Giraffen, Zebras, Antilopen, Affen, Hyänen ... und dazu kommen noch die, die ich vorher gar nicht kannte, zum Beispiel die lustigen schwarzen Warzenschweine. Mit ihren spektakulären Stoßzähnen und dem langen dünnen Schwanz, den sie gerne kerzengerade in die Luft strecken, sind sie eigentlich überall im Land unterwegs. Ich denke auch an den Karakal, einen wunderschönen, großen, rotbraunen Luchs, in den ich mich schockverliebt habe, und die hübschen, zierlichen Springböcke, die in großen Herden – ja was wohl? Genau! Rumspringen!

Nie zuvor habe ich die berühmten »big five« (Elefant, Nashorn, Löwe, Büffel, Leopard) in freier Wildbahn gesehen, keinen einzigen von ihnen, und freue mich darauf wie ein kleines Kind. Ich bin richtig aufgeregt, als wir für zwei Tage im Etosha-Nationalpark unterwegs sind, wo viele Tiere leben. Zum ersten Mal sehe ich Zebraherden und bin beeindruckt, wie unterschiedlich gestreift diese Tiere sind, wie freundlich sie wirken und wie sozial sie sich verhalten. Wo man hinguckt, sind »kuschelnde« Zebras zu sehen.

Die Springböcke sind auch eine Augenweide, diese hübschen, zierlichen Antilopen. Sie sind hellbraun mit weißem Bauch, weißem Kopf und haben einen sehr dekorativen, breiten, dunkelbraunen Streifen an den Seiten. Der Hintern ist auch weiß (meistens sehen wir den). Das Schönste: Ihre Hörner sind so geschwungen, dass es bei manchen Exemplaren fast so aussieht, als hätten sie ein Herz auf dem Kopf. Federleicht springt diese Antilopenart durch die Gegend.

Meine erste Giraffe hätte ich um ein Haar verpasst. Als ich in der Nähe eines Baumes stehe, wundere ich mich, weshalb die Krone so wackelt. Dann erkenne ich inmitten der Äste den Giraffenkopf. Unglaublich, wie unsichtbar dieses riesige Tier zwischen den Bäumen ist, die hier in der Region auch nicht gerade besonders dicht beieinanderstehen! Wir halten an und betrachten die Giraffe. Minutenlang. Und es macht mich unglaublich glücklich. So einen Endorphin-Schub hätte ich wirklich nicht erwartet! Es ist unbeschreiblich schön, so ein großes Tier in Freiheit zu beobachten.

Berauscht vom Anblick der Giraffe fahren wir an den Löwen erst einmal vorbei. Plötzlich ruft unsere Maskenbildnerin Monika: »Löwen!! Da sind Löwen!!« Sofort hält der Ranger den Jeep an – aber wir sehen weit und breit kein Tier. Doch, beharrt Monika, wir sind eben an den Löwen vorbeigefahren, sie lagen direkt am Weg! Also zurück.

Tatsächlich, die liegen sie! Eine Mutter mit drei halbstarken Söhnen im Schatten eines kleinen Baumes – alle völlig entspannt und mit ihrem sandgelben Fell quasi unsichtbar in dieser Steppe! Wir können uns bis auf zwei Meter mit dem Auto nähern und die mächtigen Tiere in aller Ruhe filmen. Mein größtes Geschenk kommt aber noch. Schwarz und patschnass.

Ganz im Westen von Namibia, an der Atlantikküste südlich von Swakopmund, liegt die Lagune von Walvisbay. Dort sind wir mit unserem Guide Werner zu einer Bootstour verabredet, wir besuchen eine Seebärenkolonie! In einem weißen Motorboot brausen wir über den Atlantik, die Sonne strahlt vom knallblauen Himmel, es ist ein fantastisch schöner Tag. Das Meer ist blass hellgrün, die weiße Gischt sprüht mir ins Gesicht, als wir über die Wellen schippern. Riesige apricot-farbene Pelikane begleiten unser Boot und fliegen, vielleicht einen Meter von mir entfernt, neben uns her ... Paradiesisch. Ich möchte hier ewig bleiben und am liebsten die Zeit anhalten.

»Da! Eine Robbenschule!«, ruft Werner und zeigt nach vorne. Bestimmt 20 junge Robben tollen dort im Wasser herum. Mal ist ein kleiner glänzender Kopf zu sehen, mal nur der Bauch eines Tieres. Sie tauchen hoch und runter, schwimmen auf dem Rücken, drehen sich wie Kreisel um die eigene Achse, scheinen uns zuzuwinken und drehen dann blitzschnell wieder ab – es ist zu süß! Da ruft unser Skipper: »Jetzt kommt's! Es wird noch viel besser, passt mal auf!«

»Here we gooooo!«, ruft er halb singend Richtung Backbord. »Hey Charly, good morning!« Jetzt sehe ich sie auch, eine mächtige Robbe, die direkt neben unserem Boot herschwimmt und uns nicht aus den Augen lässt. Der Skipper ist für die Bühne geboren, stelle ich fest. Wie David Copperfield steht er am Steuerrad des Bootes, breitet für einen Moment seine Arme weit aus und deutet dann mit großer Geste auf den Zündschlüssel, der in der Zündung steckt. »Passt auf, was passiert, wenn ich jetzt den Motor abstelle!«

Er dreht den Schlüssel. Man hört nur noch die Wellen gegen das Boot klatschen, das Boot verliert an Fahrt und schwuppdiwupp wuchtet sich dieses Riesenvieh doch tatsächlich vom Heck aus auf unser Boot.

Werner und ich lehnen an der Reling und starren auf die Robbe. Der Seebär thront auf der breiten Ledersitzbank mitten im Boot, als sei die für ihn gebaut. Er hält geradezu Hof und schaut majestätisch um sich. Ganz aufrecht sitzt er da, den Kopf mit den großen, kohlrabenschwarzen Murmelaugen hoch erhoben, fast mit mir auf Augenhöhe. Sein Fell glänzt mattschwarz mit einem leicht goldenen Schimmer. Ein kurzer Kopf mit einer spitzen Schnauze, einer schwarzen Stupsnase und borstigen langen Barthaaren. Und er hat sogar richtige Ohren! Spitz zulaufend liegen sie flach an seinem Kopf. Für einen Augenblick schaut mich das Tier herausfordernd an. Aber wirklich nur für einen Moment, bis er den Eimer entdeckt hat, den der Skipper in seiner Hand hält! Aha. Die beiden haben offenbar einen Deal. Ruck, zuck fliegen nacheinander fünf oder sechs kleine, dicke Fische durch die Luft, die die Robbe elegant aufschnappt. Ein eingespieltes Team! Charly fährt ein Stück mit uns mit. Dabei drückt er im Fahrtwind ein bisschen die Augen zu, fast genüsslich sieht das aus. Sein Fell trocknet schnell, schon bald sieht er nicht mehr glatt, sondern richtig pelzig aus! Und er lässt sich von uns bereitwillig streicheln. Man kann die Robbe richtig verstrubbeln, wenn man ihr den Kopf krault, sehr lustig. Es scheint dem Tier bei uns an Bord jedenfalls gut zu gefallen. Vor allem die Sache mit dem Eimer! Alle paar Minuten fliegt ein silbrig glänzender Fisch in seine Richtung, den er nonchalant verschlingt, um nahtlos weiterzuposen.

Und dann ist es um mich geschehen: Von hinten pirsche ich mich ran, nehme seinen Kopf in beide Hände und drück ihm einen Kuss auf die Stirn! Blitzschnell dreht der Seebär seinen Kopf zu mir, ich weiche etwas zurück ... Werner ruft warnend: »Ich weiß nicht, ob das eine gute Idee ist, es ist immer noch ein wildes Tier!«

Als der nächste Fisch in Richtung Charly fliegt, sehe ich seine mächtigen, spitzen Eckzähne, während er nach seinem Fang schnappt ... Das könnte jetzt auch deine Nase sein, Frau Grießmann, denke ich mir, du impulsgesteuerter Dussel! Mein Herz klopft bis zum Hals – aber zum Glück rieche ich ja nicht nach Fisch.

Charly wieder loszuwerden ist übrigens gar nicht so einfach: Der Skipper ruft »Alle festhalten!« und wirft kurz darauf einen Fisch ins Wasser, Charly hechtet, dem Fisch hinterher, vom Boot und wir geben Vollgas. Trotzdem hält Charly noch einige Meter mit, bevor er abdreht! Aber die beiden sind ja ganz bestimmt am nächsten Tag wieder verabredet ...

TERMITENESSEN MIT WERNER

Um Afrika kennenzulernen, bietet Namibia den perfekten Einstieg – Afrika light, wenn man so will. Allein unser Guide Werner Pfeifer, Deutsch-Namibier in dritter Generation, ist eine Attraktion für sich. Langer Bart, Hut, Frohsinn. Ein Lebenskünstler. Normalerweise lebt er auf einem Baumhaus oder wochenlang in einer Höhle im Erongogebirge – mit uns reist er 14 Tage durch das Land. Das Baumhaus dürfen wir besichtigen, es ist sensationell. Aber das Ganze »Haus« zu nennen ist wirklich ein Euphemismus. Es ist eher eine Art Holzbohlen-Terrasse in einem großen Baum. Zwischen den Ästen ist eine Hängematte gespannt, auf der Plattform stehen ein selbst gezimmerter Stuhl und eine weiße, gusseiserne Badewanne auf Füßen. Darüber ist eine rätselhafte Konstruktion befestigt und an deren Ende tatsächlich ein Duschkopf.

»Das ist mein Wohnzimmer, mein Schlafzimmer und mein Bad«, erklärt Walter, »mehr brauche ich nicht.« Das Problem ist: Die Affen denken das auch. Wenn Werner auf Reisen ist, und das ist er oft, nehmen sie alles ein und kacken auch alles voll. Na prima.

In der Natur und von der Natur leben, das ist Werners Prinzip, so machen das ja auch die Naturvölker. Auf unserer Reise muss er sich erst daran gewöhnen, jeden Abend in einem richtigen Bett einzuschlafen.

Eine Sequenz der *Wunderschön*-Folge drehen wir an einem unglaublich großen Termitenhügel, einem fast zwei Meter hohen Turm. Ein steinhartes Bauwerk in Rostrot, vergessen Sie die Bilder der Ameisenhaufen, die Sie aus heimischen Wäldern kennen. Ich stehe mit Werner vor dem Termitenhügel, der alles andere als nur ein Hügel ist. Er erzählt von diesen faszinierenden Tieren, ihrer Organisation und ihren Fähigkeiten. Alle sind beeindruckt, der Dreh bald darauf im Kasten. Und dann passiert es wieder, es ist wie eine Art Fluch … Jeder, der Fernsehdreharbeiten kennt, wird es bestätigen: Die schönsten Geschichten ereignen sich meistens dann, wenn die Kamera aus ist und schön verpackt im Auto liegt.

Werner grinst mich an. Am liebsten, so sagt er, röste er die Termiten in einer Pfanne, gleich eine ganze Hand voll, da werden sie richtig knusprig und schmecken lecker nussig. Man kann sie aber auch einfach roh essen. Werner bückt sich und hält mir eine zappelnde Termite vor die Nase. In meiner Erinnerung ist das Tier *mindestens* drei Zentimeter lang, objektiv vermutlich nur ein Drittel so groß.

»Nach dir!«, sage ich höflich.

Werner kaut die Termite und macht dabei ein völlig unbeteiligtes Gesicht.

Okay. Es geht um meine Ehre.

In der Pfanne geröstet, also mausetot und durcherhitzt, kann ich mir ja irgendwie vorstellen, da reinzubeißen, aber roh und zappelnd?!

»Was, wenn du nicht gut draufbeißt, sooo fett ist die ja auch nicht – und die Termite läuft anschließend in deinem Magen weiter herum?!?«, zischt mir das Teufelchen auf meiner linken Schulter ins Ohr.

»Alles Käse, das macht die nicht lang in der Magensäure«, flüstert mein Engelchen auf der rechten Schulter.

Also gut. Das ist jetzt so etwas wie mein persönliches Dschungelcamp, rein damit. Ich erwische das Tier mit den Zähnen und schlucke hinunter. Werner grinst mich zufrieden an, Buschtauglichkeit bewiesen. Und ja, tatsächlich, die Termite schmeckt nach Nuss!

DAS GEWÜRZ DES LEBENS
IM SOUK VON MARRAKESCH

Marrakesch – die alte Königsstadt in Marokko, auch die Rote Stadt genannt. Schon der Name ist eine Verheißung. Vier Königsstädte gibt es in Marokko: Fès, Meknés, Rabat und Marrakesch, alle waren sie in der langen und wechselvollen Geschichte des heutigen Königreichs Marokko mal die Hauptstadt.

Ich bin gespannt und ein bisschen aufgeregt, zum ersten Mal betrete ich den afrikanischen Kontinent! Im Norden Afrikas liegen die sogenannten Maghreb-Staaten, dazu gehören Mauretanien, Tunesien, Algerien, Libyen, Marokko und die Westsahara. »Maghreb« bedeutet im Arabischen »Ort des Sonnenuntergangs« – ein wunderbar passender Name. Die Sonne und das Licht in Marrakesch werde ich wirklich nie vergessen!

Wir drehen dort am Jahresanfang einen Film für *Wunderschön* und eines ist klar: Wir werden dem Namen dieser Sendung wieder einmal zu 100 Prozent gerecht werden!

Im Januar klettert das Thermometer in Marrakesch tagsüber auf 16 bis 20 Grad, eine schöne Wohlfühltemperatur, aber jetzt kommt's: Nachts kann das Thermometer in dieser Jahreszeit noch auf bis zu minus 2 Grad fallen! Das heißt, morgens und abends ist es oft knackig kalt, ein echtes Kontrastprogramm der Temperaturen. Für mich als Moderatorin heißt das immer wieder auch Frieren. Das gehört mit zum Geschäft! Denn die Sendung soll ja schönes Reisewetter zeigen, da passen eine dicke Daunenjacke, Mütze und Schal nicht so ins Bild. Und wenn ich an einem Ort eine Jacke anhabe, am nächsten aber nicht, lässt sich das am

Ende vielleicht nicht so gut aneinanderschneiden ... In welcher Reihenfolge die gedrehten Geschichten am Ende im fertigen Film zu sehen sind, entscheidet sich oft erst sehr viel später im Schnitt, wenn der Film »komponiert« wird.

An heißen Urlaubszielen drehen wir meistens im Frühjahr. In Griechenland, Kroatien oder Zypern oder auch Marrakesch hat das viele Vorteile – die Sonne ist schon da, die Touristenströme aber noch nicht. Vielen ist es in dieser Zeit dort noch zu kühl, das Meer ist noch nicht auf Badetemperatur. Orte, Museen und andere Sehenswürdigkeiten sind fast leer, wir haben freie Sicht auf die Attraktionen und können in Ruhe reisen, parken, das Equipment transportieren, alles vor Ort aufbauen, filmen und später wieder abbauen. Außerdem blüht alles! Wie schön! Auch in Marokko zeigt sich das Land jetzt grün, wo im Hochsommer bei 45 Grad im Schatten nur noch gelbbraune, von der Sonne versengte Landschaften zu sehen sein werden.

Marrakesch, wir kommen! Unser Hotel liegt ein bisschen außerhalb, in der Medina sind wir zu Fuß in 15 Minuten. Die Medina – das ist die Altstadt Marrakeschs, ein Ort, an dem die Zeit stehen geblieben zu sein scheint. Schon auf dem Weg dahin begegnen uns viele Einheimische im traditionellen Gewand, einer Art langem Kleid mit Ärmeln und Kapuze, dazu werden spitze Lederschläppchen getragen.

Wir erreichen den Djemaa el Fna, den großen, berühmten (Rummel-)Platz im Zentrum Marrakeschs, der zu jeder Tageszeit ein anderes Gesicht hat. Djemaa el Fna ist Treffpunkt der Einheimischen und Gäste, ein großer Jahrmarkt und abends außerdem auch ein riesiges Freiluftrestaurant. Überall sind dann Grills und Essensstände aufgebaut, an denen Kebab, Fleischspieße, gegrillte Schafsköpfe, Fisch und Gemüse angeboten werden. Andere Händler bieten nicht nur Obst, sondern auch frisch gepresste Säfte an. Es gibt überall etwas zu sehen und zu probieren, die Zeit vergeht beim Schlendern durch die Reihen der Stände wie im Flug. Dazwischen präsentieren Schlangenbeschwörer, umringt von Touristen mit Gänsehaut, ihre Kobras. Manche lassen die Schlangen echt nah an sich ran: Sie küssen sie während der Vorführung auf den Kopf oder lassen sich von ihnen in die Kappe beißen. Daneben tanzen Männer, die sich als Frauen verkleidet haben, in traditionellen Gewändern. Mein persönliches Highlight sind die Hennakünstlerinnen, die auf Wunsch die Hände oder Füße ihrer Kundinnen und Kunden mit den schönsten Ornamenten bemalen – auf Wunsch auch noch mit Glitzer … da muss ich später noch einmal hin!

Vom Djemaa el Fna gelangt man direkt in die Souks, ein Gewirr von Gassen und kleinen Läden. Auf viele Besucher – und auch auf mich – hat die Mischung aus Farben, Gerüchen, Unbekanntem und Faszinierendem eine Sogwirkung. Kaum betritt man die erste Ladenzeile, kommt man aus dem Staunen nicht heraus. Ich bleibe immer wieder stehen und schaue, was es gibt: Handgewebte Taschen in kräftigen Farben liegen neben wunderschönen, reich verzierten Tabletts aus Metall, mir gefällt eigentlich fast alles. Direkt daneben ein Gewürzstand! Es duftet betörend nach – ja, nach was? Nach Weihnachten? Zimt, Kardamom, Anis und Vanille stehen in großen Säcken nebeneinander. Gewürze und Kräuter in den schönsten satten Farben. Die Händler sind geschickt, geben mir schnell etwas zum Riechen und Probieren in die Hand, halten mir duftende Stängel unter die Nase … und schon haben sie mich. Schnell werden wir uns handelseinig und kleine Tütchen mit verschiedenen Gewürzen wechseln den Besitzer. Im Souk von Marrakesch entdecke ich auch das Gewürz, das mich von da an durchs Leben begleiten wird: Raz el Hanout. Eine traditionelle Gewürzmischung aus bis zu 30 Gewürzen, allein 8 (!) verschiedenen Pfeffersorten, wie mir der Verkäufer verschwörerisch erzählt. Außerdem gehören Kardamom, Kurkuma, Piment, Zimt, Ingwer, Koriander, Kreuzkümmel, Chili und Muskat und sicher noch manches mehr zur Mischung ... süß, exotisch, mit einer feurigen Note und einer Prise 1001 Nacht. Eine Gewürzmischung wie das Leben. Unwiderstehlich!

Jeder Gewürzhändler schwört auf seine eigene urtraditionelle Mischung, die natürlich Geheimsache ist und bleibt: Raz el Hanout bedeutet übersetzt so viel wie *Chef* oder *Kopf des Ladens*. Klar: Nur der Boss kennt das Geheimnis. Bei dem einen Händler ist das Raz es Hanout dunkelbraun, beim anderen leicht gelblich, rostrot, rotorange.

Ohne es zu merken, bin ich mittlerweile schon tief im Souk gelandet, einer Art Riesenhöhle, einem undurchschaubaren Labyrinth aus grob gepflasterten Gassen.

Färber, Kupferschmiede, Schneider, Tuchhändler, Lampenhersteller, Suppenverkäufer, Händler, die große Schüsseln voller Nüsse präsentieren. Dazwischen Buchhändler und Teppichverkäufer. Stände mit bunten, bodenlangen Gewändern und den Lederschlappen, die hier so viele Männer tragen, alles in zig Farben und Mustern, mit und ohne Verzierungen. Direkt nebenan werden Cremes und Tinkturen angeboten. Es riecht nach Fisch, gegerbtem Leder und nach Parfüm. Überall hängen an den Vordächern und in den Läden die typischen handgehämmerten, ziselierten und von Mustern durchbrochenen Metalllampen in allen Größen und Formen. Sie tauchen die gesamte Szenerie in ein warmes, buntes Licht.

Es ist rammelvoll, trotzdem gelingt es flinken Mopedfahrern und sogar Pferdekutschen, sich durch die Menschenmassen zu schlängeln. Verschleierte Frauen huschen nahezu geräuschlos vorbei. Männer schreien sich derweil die Kehle aus dem Hals, um ihre Waren feilzubieten. »Best price!«, ruft ein Händler, »democratic price!« der andere, der nächste singt seine Werbebotschaft sogar vor sich hin.

Keine Frage, der Souk ist ein Fest für die Sinne! Aber ganz ehrlich: Das kann ich so richtig erst ab dem 3. Tag, an dem ich dort unterwegs bin, wirklich genießen. Davor bin ich einfach nur überfordert von dem Trubel.

Immer wieder kaufe ich auf dieser Reise Raz el Hanout, das leckerste von einem alten Mann auf einem Bauernmarkt im Ourikatal. Auf dem staubigen Boden hat er eine große Plane ausgebreitet und einen ameisenhügelgroßen Berg der Gewürzmischung aufgetürmt. Dahinter thront er stolz im Schneidersitz und sieht mich freundlich an. Sein Gewürz sieht fast aus wie gemahlenes Gold, ein helles, sattes Goldbraun. Im Rückblick habe ich leider viel zu wenig davon gekauft. Auf jeden Fall schmecken von diesem Tag an Spaghetti bolognese im Hause Grießmann orientalisch, auch meine Gemüseaufläufe und Eintöpfe kommen seitdem nicht mehr ohne Raz el Hanout aus, ebenso wie Brathähnchen …

Den jüngsten Tipp meiner Freundin Claudia muss ich noch ausprobieren: Spiegeleier mit Schafskäse und Raz el Hanout – eine Vorstellung, die mich schlagartig wieder mittenrein katapultiert in den Souk, in diese überwältigende Explosion aus Klängen, Farben und Gerüchen.

Es gibt noch einen Duft, den ich in Marrakesch entdeckt habe: Amber. Wirklich betörend. Der Gewürzhändler hat ihn mir einfach unter die Nase gehalten und ich war verloren. Dieser Duft ist eine Verheißung: ein warmer, leicht holziger und süßlicher, moschusartiger Duft, der mich geradezu umhüllt. »Original! Original!«, raunte der Händler und hielt mir ein Stoffsäckchen mit drei wachsartigen, beige-weißen Brocken hin. In den Schrank soll ich die Stücke legen, zwischen die Wäsche. Und genau dort liegen sie jetzt. Und wenn ich meine Wäscheschublade herausziehe, bin ich in Marrakesch.

Nach einer kleinen Recherche im Nachgang hege ich allerdings starke Zweifel, ob das wirklich echter Amber ist, und insgeheim hoffe ich, dass es die synthetische Variante ist. Denn original Amber stammt aus dem Verdauungstrakt der Pottwale. Es ist pragmatisch betrachtet »Walkotze«. Amber wird zu astronomischen Preisen gehandelt und offenbar auch heute noch vereinzelt als Basisnote für luxuriöse Parfüms verwendet.

Auch am Arganöl kommt man in Marrakesch nicht vorbei, an jeder Ecke wird es angepriesen als *das* Allheilmittel, natürlich zum »democratic price«. Meistens wird Arganöl Cremes und Kosmetikprodukten beigemischt – mein Händler schwört aber auf das pure Öl. Ich solle es einfach über den Salat träufeln oder mir direkt ins Gesicht reiben. »Ten years less!«, »Du wirst zehn Jahre jünger aussehen!«, verspricht er mir mit bedeutungsschwangeren, leisen Worten und schaut mir dabei tief in die Augen. Wieder zu Hause, erzähle ich diese Geschichte lachend meiner Familie und präsentiere das Öl. Wie oft ich das Öl denn schon benutzt hätte, fragt mein kleiner Sohn mit ernster Miene. Dann rechnet er nach und bittet mich erschrocken, es auf gar keinen Fall noch mal zu nehmen!

HEIMLICH IM HOTELZIMMER

In Marrakesch erlebe ich auch eine Romanze der besonderen Art. So verborgen und diskret, dass ich es selbst tatsächlich lange Zeit nicht gemerkt habe …

Der Januar ist wie gesagt noch kühl in Marrakesch, die Nächte eiskalt. Die Stadt liegt am Fuße des mächtigen Atlasgebirges. Von meinem Hotelbalkon aus kann ich die riesigen, schneebedeckten Gipfel sehen. Wow! Ich habe überhaupt mit dem Hotel richtig Glück – das ist auf meinen Reisen nicht immer so. Oftmals entpuppen sich die auf der Homepage verheißungsvoll beschriebenen Räumlichkeiten vor Ort als weniger schön. Aber diesmal erfüllt mein Hotelzimmer alle meine Wünsche! Denn es hat ein Bett, das breiter ist als 90 Zentimeter, daneben steht ein schönes, rotes Samtsofa, auf dem ich mich ausbreiten kann. Alles ist picobello, die dunklen Möbel sehen einfach klasse aus und Platz habe ich auch noch. Und erst das Badezimmer: Die Badewanne ist eine Wohltat nach einem durchfrorenen Tag, die Dusche hat richtig Wasserdruck, das ist wichtig, damit beim Haarewaschen nicht der ganze Abend draufgeht, und das Wichtigste: Das Zimmer liegt nicht im Erdgeschoss und ich kann nachts ohne Bedenken die Balkontür einen Spalt breit offen stehen lassen. Ich liebe es, wenn es schön kühl ist im Schlafzimmer, und ich schlafe in der ersten Nacht in diesem Hotel, anders als sonst, richtig gut.

Der Drehtag beginnt früh. Noch vor dem Frühstück gehe ich für eine knappe Stunde »in die Maske«, das heißt ins Zimmer der Maskenbildnerin oder des Maskenbildners, die oder der bei dieser Produktion für mich zuständig ist.

Dort werde ich für die Dreharbeiten frisiert und geschminkt. Monika, Rena, Elke, Frauke, Estelle, Ilona, Kirsten, Gabriele, Dirk – an dieser Stelle mal ein riesiges Dankeschön an euch alle! Es ist immer schön, mit euch in den Tag zu starten.

Der erste Drehtag ist etwas Besonderes, wir müssen uns als Team erst eingrooven und akklimatisieren. Wir drehen in den Souks, fahren danach noch kreuz und quer durch die Stadt und sammeln Bilder für die *Wunderschön*-Sendung. Abends falle ich müde ins Bett, voll mit neuen Eindrücken, vorher habe ich auf dem roten Sofa noch meine Sachen für den nächsten Drehtag bereitgelegt.

Eingeschlafen. Aufgewacht. Maske, Frühstück, schnell in die Drehklamotten steigen. Neben meiner Hose liegen in der Ecke des roten Sofas einige längere weiße Haare. Wo die wohl herkommen? Hab ich mich vielleicht unterwegs irgendwo reingesetzt? Vielleicht hingen die Haare auch am roten Rucksack – wer weiß?

Abends zurück im Zimmer, fallen mir die Haare wieder ein – aber es ist nichts mehr zu sehen, das Sofa ist blitzblank.

Es vergeht ein Drehtag nach dem anderen. Am vierten Tag drehen wir im Jardin Majorelle, dem schönsten Garten der Stadt. Dort wachsen Pflanzen aus fünf Kontinenten. Inmitten der Palmen und Kakteen residiert ein kleines Museum in einem wunderbar blau gestrichenen Haus mit gelben Fensterrahmen, die Wege ringsum sind mit rotem Kies gestreut. Eine wahre Pracht! Der Maler Jacques Majorelle hat den Garten im Jahr 1925 angelegt, 1980 wurde das Anwesen von Modeschöpfer Yves Saint-Laurent und seinem Freund Pierre Berg gekauft und renoviert. Ich komme aus dem Staunen kaum heraus, während mich die Kakteenzüchterin Fatima Thiemann durch den Garten führt.

In einer Drehpause fragt jemand aus dem Team in die Runde, ob bei uns auch Katzen ins Hotelzimmer kommen? Ich bin entzückt ... Das ist ja toll. Aber warum kommt zu mir keine? Offenbar klettern die Katzen, die tagsüber in der Hotelanlage rumschleichen, nachts auf die Balkone und suchen sich Schlafplätze – am liebsten natürlich in einem warmen Zimmer ...

Dann dämmert es mir – die weißen Haare! Vielleicht habe ich auch nachts Katzenbesuch ... Meine Balkontür steht ja offen.

Ab diesem Moment kontrolliere ich die Sofaecke jeden Abend (blitzsauber) und jeden Morgen (lange weiße Katzenhaare). Komme ich abends ins Zimmer, hat der Roomservice alles weggebürstet, morgens sind die Haare wieder da.

Begegnet sind die Katze und ich uns in diesen Tagen in Marrakesch nie. Obwohl ich nur noch mit Blickrichtung aufs Sofa schlafe, bekomme ich nicht ein einziges Mal auch nur eine Schwanzspitze zu Gesicht. Offenbar hat sich meine kleine langhaarige Marokkanerin (oder ein Marokkaner, wer weiß?) erst reingeschlichen, wenn ich schon eingeschlafen war. Ich stelle mir vor, wie sich das Tier lautlos durch die zwei Schichten Vorhänge durchgeschoben und mit samtweichen Pfoten geräuschlos auf das Samtsofa geschwungen hat. So waren wir dann für sieben Stunden eine harmonische Schlafgemeinschaft. Aber schon bei meinem allerersten Rumdrehen im Morgengrauen muss das Tier wieder rausgehuscht sein.

Eine einheimische, tierische Schlafgefährtin, das hatte ich nie wieder auf Reisen!

*

In Marokko wird mir klar, dass vieles, was ich bislang für »typisch spanisch« gehalten habe, eigentlich von hierher kommt! Fast 700 Jahre lang, bis 1492, haben die Mauren Spanien beherrscht und ihre Kultur eingebracht. Das schöne bunte, mit liebevollen Details bemalte Tongeschirr, das mir hier im Souk von Marrakesch begegnet, die ganzen Muster, Farben und Gerüche kommen mir bekannt und vertraut vor, schließlich habe ich als Kind einige Jahre in Castelldefels bei Barcelona gelebt. Die Ähnlichkeiten sind verblüffend: Beispielsweise auch die traumhaften, bunt bemalten Fliesen. Aus spanischen Städten sind die sogenannten Azulejos nicht wegzudenken, sie verzieren Parkbänke, Hauswände und Brunnen.

In Barcelona hat Antoní Gaudí mit solchen Fliesen Geschichte geschrieben. Der berühmte Architekt steht für die katalanische Variante des Jugendstils, den »Modernismo«. Wie oft war ich in seinem zauberhaften Parque Güell, hoch über der Stadt, von dem aus man einen fantastischen Blick über Barcelona genießen kann. Zigtausende bunte Fliesen und Mosaike sind dort zu sehen – deren Ursprung ich jetzt hier in Marrakesch entdecke. Ich denke auch an die schönen grünen Innenhöfe der herrschaftlichen Häuser in Barcelona – hier in Marrakesch steht ihre Wiege. In den alten Lehmhäusern der Medina (zum Teil noch aus dem 16. Jahrhundert!) bestaune ich viele pittoreske Innenhöfe. Riad nennt man ein solches Haus mit einer grünen Lunge, einem kühlen Atrium, dessen Idee wiederum auf die Römer zurückgeht: in der Mitte des Hofes ein Wasserbecken oder ein schön verzierter Brunnen, drum herum Pflanzen, oft vier quadratische, symmetrisch bepflanzte Beete. Das Auge kommt zur Ruhe, es entsteht eine beruhigende Ordnung. Kleine, beschauliche Oasen mitten im Trubel der Medina. In einem solchen, wunderbar restaurierten Riad treffe ich

Julia Bartels, die Tochter des ehemaligen deutschen Botschafters, die in den historischen Räumen ein Hotel betreibt. Zwei Palmen wachsen im Innenhof in den Himmel.

Wir kommen ins Gespräch und ich frage Julia, wo für sie Heimat ist. Ihre Antwort klingt mir vertraut: »Ich bin immer schon viel umgezogen, meine Eltern waren beide Diplomaten und haben im Laufe ihres Lebens an verschiedenen Orten gearbeitet. Ich habe eigentlich keine richtige Heimat …«

IM HEISSLUFTBALLON ÜBER DAS ATLASGEBIRGE

Der Höhepunkt unserer Marokko-Reise ist, im wahrsten Sinne des Wortes, eine Ballonfahrt. In aller Herrgottsfrühe klingelt der Wecker. Noch vor dem Morgengrauen fahren wir los, gegen 5 Uhr wollen wir am vereinbarten Startplatz sein. Eine Ballonfahrt ist immer ein Abenteuer, und zwar ab dem Moment der Planung, denn man weiß nie so genau, ob sie auch wirklich stattfindet. Alle Bedingungen müssen passen, vor allem natürlich die richtige Windstärke. Nicht zu viel und nicht zu wenig (mind. 6 km/h in den Höhen, man will ja schließlich Ballon fahren und nicht Ballon stehen). Außerdem natürlich kein Regen oder Schnee, und die Wolken dürfen nicht zu tief hängen!

Unser Plan verspricht große Gefühle: Wir wollen bei Sonnenaufgang über Marrakesch schweben. Schon auf dem Weg mit dem Teambus zum Treffpunkt kommt der Anruf unseres französischen Piloten: Wir haben perfekte Bedingungen!

Auf unserem Weg durch die Dunkelheit verlassen wir die langsam erwachende Stadt und fahren ein Stück über Land. Im Lichtkegel der Scheinwerfer flirrt der Staub der unbefestigten Straßen, das Gerüttel ist anstrengend, die Müdigkeit hängt uns noch in den Knochen. Drehtage sind immer lang und kräftezehrend. Um schöne Bilder einzufangen, geben alle im Team ihr Bestes und wir drehen manche Extrameile, im wahrsten Sinne des Wortes. Schlafen kann man auch daheim!

Am Startplatz empfängt uns unser Pilot Maurice Otin mit seinem Team, der Ballon wird gerade ausgepackt, wir packen mit an, es herrscht Aufbruchsstimmung. Maurice lebt und arbeitet seit zwei Jahrzehnten in Marrakesch, ein sportlicher, sympathischer Mittfünfziger mit viel Erfahrung, der Ruhe und Sicherheit ausstrahlt. Der richtige Mann für unsere Tour!

Maurice erklärt uns, worauf es beim Ballonfahren ankommt, erzählt von Thermik, Windgeschwindigkeiten und manchem mehr. Es ist einer der Momente in meinem Leben, in denen ich mir wünsche, im Physikunterricht ein bisschen aktiver gewesen zu sein ... Aber Maurice macht das schon! Und was ich nicht weiß, macht mich nicht heiß.

Aber es wird dann doch in mehrerlei Hinsicht heiß. Mit dem Gasbrenner wird der riesige grün-orange gestreifte Ballon langsam gefüllt und aus einem schlaffen, unförmigen Etwas wird allmählich ein wunderschöner, riesiger Ballon. Auch der Korb, der von der Erde aus betrachtet immer so miniklein unten dranhängt, erweist sich als riesig. Als wir näher rankommen, wird klar: Ohne Leiter läuft hier nix. Mein Bauch kribbelt ... wie wird sich das dort oben im

Ballonkorb anfühlen, wenn wir in großer Höhe über der Erde schweben?

Die Sonne lugt schon über den Horizont, aber es ist natürlich eiskalt hier in der marokkanischen Hochebene. Das Thermometer zeigt 2 Grad plus. Angezogen bin ich im Zwiebellook: Handschuhe, Mütze, Schal, alles am Start.

Dann ist es so weit! Wir sind alle im Korb versammelt, ich stehe ganz nah bei Maurice. Das hat zwei Gründe: Meiner Meinung nach ist das der beste Platz bei so einer Premiere. Der Mann ist erfahren, weiß genau, was er tut. Zum anderen habe ich sowieso keine Wahl: denn nur er und ich werden später im Film bei dieser Ballonfahrt zu sehen sein, ich muss also möglichst dicht neben ihm stehen, damit der Kameramann uns beide auf dem begrenzten Raum gut im Bild hat. Eine Win-win-Situation!

Zum Abheben lässt Maurice richtig viel Gas in den Ballon, es zischt unglaublich laut, eine riesige Flamme schießt über uns in die Ballonkuppel, die Leinen werden gelöst – und ganz langsam, fast unmerklich, heben wir ab. Wir fliegen! Pardon: fahren. Ich blicke aus dem Korb, der Abstand zum Boden wird immer größer, 2 Meter, 4, 6, 10, 50, 100. Wie weit weg sind wir nun vom Grund? Schnell verliere ich das Gefühl dafür, winke unserem restlichen Team zu, das am Boden bleiben muss. Mit uns steigt die Sonne weiter in den Himmel, ein unglaublich schöner Moment. Ich möchte kurz die Welt anhalten. Und dann ist sie plötzlich da: die Ruhe. Diese unglaubliche Stille. Wenn Maurice nicht gerade ein bisschen Gas nachschießt, ist kein Laut zu hören.

Wir schweben in über 1000 Metern Höhe über Marrakesch, alles ist in ein unwirklich schönes, rotgoldenes, weiches Licht getaucht. Unter uns kleine Dörfer, Hügel, Wege. Von hier oben wird klar, warum Marrakesch »die Rote

Stadt« genannt wird – wie ein sattrotes Mosaik liegt sie unter uns. Und aus dieser Perspektive ist die ansonsten so laute, vor Lebendigkeit vibrierende, schillernde und flirrende Stadt plötzlich ganz friedlich und ruhig. Wenn ich den Blick von Marrakesch abwende, sehe ich das atemberaubende Panorama des Atlasgebirges – dieses gewaltige Hochgebirge, das sich 2,5 Kilometer lang vom Süden Marokkos über Algerien bis nach Tunesien zieht. Majestätische, silbergraue Gebirgsketten mit schneebedeckten Gipfeln. Wir blicken auf den Hohen Atlas, der hier, südlich von Marrakesch, seine maximale Höhe erreicht. Rotgolden vom Morgenlicht beschienen türmt sich der Toubkal mit seinen imposanten 4167 Metern in den Himmel.

Der Atlas ist Afrikas Wetterscheide – er teilt den Kontinent in zwei völlig gegensätzliche Klimazonen. Wir befinden uns im feuchten, kühleren Norden des Maghreb. Südlich des Atlasgebirges erstreckt sich die heiße, trockene Sahara – die größte Wüste der Welt.

Ich genieße die Stille, den Himmel, die Farben, die tollen Kontraste der Landschaft und versuche mir alles einzuprägen – die Rote Stadt vor diesem silbergrauen Gebirgsmassiv, die grün-beige Landschaft rund um Marrakesch, durch die sich ein glitzernder Fluss schlängelt.

Der sieht von hier oben aus wie eine silberne Halskette, die eine Riesin gedankenverloren auf den Boden hat sinken lassen. Traumschön!

Ich könnte ewig hier oben bleiben. Die Zeit scheint für einen Moment stillzustehen, so außergewöhnlich ist es. Unfassbar, wenn Maurice berichtet, wie schnell wir gerade unterwegs sind. Dass wir fahrend, fliegend, schwebend vorankommen – nichts davon ist zu spüren! Wenn ich es nicht wüsste, würde ich schwören, dass wir auf Schienen fahren, so fest und sicher fühlt sich alles an. Und es ist auch längst nicht so kalt, wie befürchtet. Ein Sehnsuchtsort!

MIT DER GÖTTIN DER MORGENRÖTE AUF DER KURISCHEN NEHRUNG

Das liebe ich an diesem Job: Nicht ich entscheide, wohin die Reise geht, sondern die Redaktion. So habe ich schon viele Orte und Menschen kennengelernt, die ich sonst vielleicht verpasst hätte, weil ich zum 85. Mal in mein geliebtes Spanien gereist wäre …

Wir drehen dieses Mal in Litauen. Ein Land voller bezaubernder Menschen, die märchenhafte Namen tragen wie »Morgenröte«, »Minze« oder »Fichte«. Ein Land voll verträumter Landschaften wie der Kurischen Nehrung. Ein Land voller Sehnsucht und Melancholie. Sogar Elche soll es hier geben!

Litauen ist eines dieser Länder, in denen ich sofort das Gefühl habe, ich war schon mal da. Kennt ihr das? Man fühlt sich verbunden, verstanden und angenommen, gleich richtig wohl, obwohl man vorher noch nie da war. Auch wenn ich die Sprache nicht spreche, fühle ich mich irgendwie zu Hause, während ich durch mir völlig unbekannte Straßen gehe.

Mein größter Wunsch auf dieser Reise: einen Elch sehen! Es wäre mein erstes Mal…

Und der Elch wartet tatsächlich schon auf mich! Regungslos steht er vor dem grauen Holzhaus mit den blau-weißen Fensterläden in Neringa, wo ich mit Aušra verabredet bin.

Das Tier ist wunderschön, so wie ich es mir in Gedanken ausgemalt hatte, aber leider etwas klein – und aus Bronze. Aber es ist schon mal ein gutes Omen!

In einem hübschen Haus, vor dem ich jetzt stehe, ist das Büro von Aušra Feser untergebracht. Ihr Name wird »Auschra« ausgesprochen, sie ist Leiterin des Nationalparks Kurische Nehrung. Aušra fährt heute mit mir die Wüste. Sozusagen.

Erst geht es ein Stück mit dem Auto durch den Wald, schon das dürfen wir nur, weil sie als Revierchefin dabei ist, und irgendwann geht's nur noch zu Fuß weiter. Mit Aušra würde ich auch ans Ende der Welt gehen. Eine große, natürliche Frau. Heller Teint, hohe Wangenknochen, strahlend blaue Augen. Lange, glatte, hellblonde Haare umrahmen ihr ernstes Gesicht, sie strahlt Ruhe und Würde aus, spricht langsam und überlegt, mit einer ruhigen, etwas tieferen Stimme.

Am Anfang redet sie nicht viel, schaut mich immer wieder lange an. Es fühlt sich an, an schaue sie mir direkt in die Seele … Mit der Zeit erzählt Aušra mehr. Im Wald, in der Natur, ist sie in ihrem Element. Ihr Engagement hier vor Ort ist mehr als ein Job. Es ist ihr Leben und der Schutz der Natur etwas, was sie umtreibt und bewegt.

Diese Verbundenheit mit der Natur und eine Reihe von Traditionen, an denen man bewusst festhält, machen die Menschen in Litauen aus, erzählt mir Aušra. Das sieht man unter anderem an den alten traditionellen litauischen Vornamen, die heute immer noch populär sind. Als Nächstes erfahre ich von meiner Begleiterin, dass ich gerade neben der »Göttin der Morgenröte« herspaziere, denn das bedeutet der Vorname »Aušra«!

Ich möchte auch so einen Namen haben!! Einer ist schöner als der andere: »Rasa« bedeutet Morgentau, »Audra« steht für den »Sturm«. »Ąžuolas« ist die Eiche, »Meta« die Minze und »Salvinija« der Schwimmfarn ... Meine Fantasie trägt mich, während meine Weggefährtin weiterspricht, in weite Fernen. Ich würde mich gar kein bisschen wundern, wenn plötzlich hinter dem nächsten Baum Galadriel und Legolas aus dem »Herr der Ringe«-Elbenreich hervortreten würden.

Wir schlendern durch »Aušras« Wald, der sich langsam lichtet, während der Boden sandiger wird. Dann stehen wir, als wir die letzten Bäume hinter uns gelassen haben, plötzlich vor einer Wüstenlandschaft. So weit das Auge reicht, nur Sand, hier und da noch ein paar kleinere Büsche. Es sind die Dünen der Kurischen Nehrung, die wir zusammen hochsteigen. Mit jedem Schritt sinken wir tiefer ein und rutschen wieder ein kleines Stückchen die steile Düne hinunter. Es ist mühsam. Mir wird bewusst, dass wir gerade auf dem Boden eines Weltkulturerbes unterwegs sind – denn hier gibt es die größten Wanderdünen Europas! 60 Meter hoch, uralt und bis heute in Bewegung.

Wir sind oben. Wie ein dunkler, silberner Spiegel liegt vor uns die Kurische Nehrung, diese einzigartige Landschaft zwischen Haff und Ostsee. Eine fast 100 Kilometer lange Landzunge. Die nördliche Hälfte gehört zu Litauen, die südliche zu Russland – dort befindet sich das frühere Königsberg, heute Kaliningrad, eine russische Enklave. Im Laufe der Jahrhunderte ist hier schon viel passiert. Früher war hier mal Wald. Im sogenannten Nordischen Krieg (1674–1679) wurde ein großer Teil davon gerodet. Und als die russischen Truppen im Oktober 1944 nördlich von der Memel bis zur Ostsee und südlich davon bis zum Kurischen Haff vorrückten, flüchteten die Menschen zu Tausenden aus der eingeschlossenen Stadt über die Kurische Nehrung nach Westen.

Als ich mit Aušra da oben auf dem Dünenkamm stehe, hören wir schlagartig auf zu sprechen. Wir setzen uns in den Sand, der laue Ostseewind weht uns um die Nase, während wir über diese friedliche, schöne Landschaft schauen. Erst hier und jetzt kann ich den Satz richtig verstehen, den ich vor einer Weile über diesen Landstrich gelesen habe: »Litauen hat diese Schönheit, die einen still werden lässt.« Und Wilhelm von Humboldt schrieb 1809: »Die Kurische Nehrung ist so merkwürdig, dass man sie gesehen haben muss (…), wenn einem nicht ein wunderbares Bild in der Seele fehlen soll.« Ja, das kann ich nur unterstreichen.

Später darf ich noch im Örtchen Nida mit seinen bunt angestrichenen Fischerhäuschen mit meiner Begleiterin zu Mittag essen. Aušra habe ich es zu verdanken, dass ich ein neues Lieblings-Sommeressen mit nach Hause gebracht habe: die litauische kalte Rote-Bete-Suppe. »Saltibarščiai«, so heißt die Suppe, ist ein erfrischendes, rosarotes Sommergedicht. Und auch leicht selbst zu machen: Rote Bete kochen und abkühlen lassen (gibt's auch schon fertig gekocht zu kaufen), danach das Gemüse pürieren und mit Kefir und ein wenig saurer Sahne vermischen, mit gehacktem Dill würzen, Pfeffer, Salz. Dazu werden gekochte Kartoffeln serviert, die am Tisch heiß in die Suppe geschnitten werden. Wer möchte, isst auch noch warme, in Viertel geschnittene, hart gekochte Eier dazu.

Zum Glück habe ich Aušra am Anfang unserer Drehtage kennengelernt, denn danach esse ich bei jeder Gelegenheit auf der Reise eine Rote-Bete-Suppe, die es in Litauen fast überall in den Gasthäusern gibt. Und sie sieht immer anders aus! Von der Farbe und auch vom Geschmack her: Von sanftem Babyrosa bis hin zu kräftigem Pink ist alles dabei, mal wird die Suppe mit Ei serviert, mal ohne. Und manchmal ist auch noch Gurke hineingewürfelt. Jedes Restaurant schwört auf sein Hausrezept, hat mir Aušra erzählt. In leicht abgewandelter Form wird die Rote-Bete-Suppe auch in Lettland und Polen gegessen. Bei mir zu Hause schmeckt sie auch jedesmal ein bisschen anders, aber eines bleibt: Wenn ich diese kalte Suppe »koche«, denke ich an den traumhaften Tag mit der Göttin der Morgenröte.

WIR HABEN EIN RECHT AUF GLÜCK!

Die Litauer haben das schon immer gewusst, deshalb findet sich diese Formulierung auch genauso in der Verfassung der »Republik Uzupis«. Damit verbinde ich eine besondere Geschichte. Aber langsam, der Reihe nach: Von der Kurischen Nehrung fahren wir weiter in die Hauptstadt Vilnius. Aušras Geschichten zu den litauischen Vornamen lassen mich nicht mehr los, ständig mache ich neue Entdeckungen: Der Name unserer Reiseführerin Eglė, die in Vilnius plötzlich in einem knallblauen, bodenlangen Kleid vor mir steht, bedeutet »Fichte«. Wir sind mit Eglė im Stadtteil Uzupis verabredet, der von der Altstadt durch den Fluss Vilnia abgetrennt ist. Dieser Fluss hat der Hauptstadt den Namen gegeben – und tatsächlich ist Vilnia auch ein beliebter Frauenname in Litauen!

Uzupis muss man gesehen haben. Der Name bedeutet »Jenseits des Flusses« – und nur über eine Brücke kommt man hin. Mitten auf der Brücke über die Vilnia steht ein Schild, das darauf hinweist, dass man nun die »Republik Uzupis« betritt.

An diesem sonnigen, warmen Tag, an dem ich Uzupis kennenlernen darf, scheint die Welt dort wirklich ein besserer Ort zu sein. Wen wundert's? Schließlich steht in Uzupis das »Recht auf Glück« sogar in der Verfassung, die sich der Stadtteil gegeben hat. Der Text wurde bereits in über 30 Sprachen übersetzt, die Metalltafeln auf Spanisch, Chinesisch, Esperanto oder Sanskrit füllen eine lange Mauer in der Straße Paupio Gatve. Die Verfassung spricht mir aus der Seele. Es ist ein Vergnügen, sie zu lesen, deshalb soll sie hier nicht fehlen:

1. Jeder Mensch hat das Recht, am Fluss Vilnia zu leben, und der Fluss Vilnia hat das Recht, an jedem vorbeizufließen.
2. Jeder Mensch hat das Recht auf heißes Wasser, Heizung im Winter und ein Ziegeldach.
3. Jeder Mensch hat das Recht zu sterben, ist jedoch hierzu nicht verpflichtet.
4. Jeder Mensch hat das Recht, sich zu irren.
5. Jeder Mensch hat das Recht, einzigartig zu sein.
6. Jeder Mensch hat das Recht, zu lieben.
7. Jeder Mensch hat das Recht, nicht geliebt zu werden, jedoch nicht unbedingt.
8. Jeder Mensch hat das Recht, weder berühmt noch bekannt zu sein.
9. Jeder Mensch hat das Recht, zu faulenzen oder nichts zu tun.
10. Jeder Mensch hat das Recht, eine Katze zu lieben und für sie zu sorgen.

11. Jeder Mensch hat das Recht, für seinen Hund zu sorgen, bis einer von beiden stirbt.
12. Ein Hund hat das Recht, Hund zu sein.
13. Eine Katze ist nicht verpflichtet, ihren Hausherrn zu lieben, aber in schweren Momenten muss sie ihm beistehen.
14. Jeder Mensch hat das Recht, manchmal nicht zu wissen, ob er Verpflichtungen hat.
15. Jeder Mensch hat das Recht, zu zweifeln, ist jedoch hierzu nicht verpflichtet.
16. Jeder Mensch hat das Recht, glücklich zu sein.
17. Jeder Mensch hat das Recht, unglücklich zu sein.
18. Jeder Mensch hat das Recht, zu schweigen.
19. Jeder Mensch hat das Recht, zu glauben.
20. Kein Mensch hat das Recht, Gewalt auszuüben.
21. Jeder Mensch hat das Recht, seine Nichtigkeit und seine Größe zu begreifen.
22. Niemand hat das Recht, nach der Ewigkeit zu trachten.
23. Jeder Mensch hat das Recht, zu verstehen.
24. Jeder Mensch hat das Recht, nichts zu verstehen.
25. Jeder Mensch hat das Recht, verschiedenen Nationalitäten anzugehören.
26. Jeder Mensch hat das Recht, seinen Geburtstag zu feiern oder nicht zu feiern.
27. Jeder Mensch ist verpflichtet, sich an seinen Namen zu erinnern.
28. Jeder Mensch darf mit anderen teilen, was er hat.
29. Kein Mensch kann mit anderen teilen, was er nicht hat.
30. Jeder Mensch hat das Recht auf Geschwister und Eltern.
31. Jeder Mensch darf frei sein.
32. Jeder Mensch ist für seine Freiheit verantwortlich.
33. Jeder Mensch hat das Recht, zu weinen.

34. Jeder Mensch hat das Recht, unverstanden zu bleiben.
35. Kein Mensch hat das Recht, einen anderen schuldig zu machen.
36. Jeder hat das Recht auf Persönlichkeit.
37. Jeder Mensch hat das Recht, keine Rechte zu haben.
38. Jeder Mensch hat das Recht, keine Angst zu haben.
39. Besiege nicht.
40. Wehre dich nicht.
41. Gib nicht auf.

Ich bin mir sicher: Wer in diesem Geist lebt, wird glücklicher und zufriedener.

*

Uzupis war früher ein armes Viertel, das sich aber nach der Unabhängigkeitserklärung Litauens im Jahr 1990 rasant veränderte. Künstler entdeckten den Stadtteil für sich, es entstand ein Szeneviertel mit Cafés und Galerien – aber viele alteingesessene Arbeiterfamilien konnten sich das Leben dort nicht mehr leisten, nachdem Investoren sich einkauften. Für mich ein Paradebeispiel für Gentrifizierung. Um dagegen zu protestieren, wurde 1998 im Rahmen einer Kunstaktion die Republik Uzupis ausgerufen, so richtig mit Verfassung, Flagge und einem Präsidenten. Weltweit wird die Republik seitdem durch über 200 Botschafter und Ehrenbürger wie den Dalai Lama vertreten. Im Grunde ist Uzupis, von manchen »Narrenrepublik« genannt, die Vision einer heilen, besseren Welt. Eine liebenswerte und recht erfolgreiche Republik, in der immer wieder Vertreter großer Länder auf »Staatsbesuch« zu Gast sind – und das, obwohl Uzupis natürlich völkerrechtlich in keinster Weise anerkannt ist.

Vilnius ist stolz auf die größte Altstadt Osteuropas, die Teil des Weltkulturerbes ist. Barocke Pracht, wohin das Auge schaut: prächtige Kirchen, eine Universität, die seit dem 16. Jahrhundert besteht. Uralte, schöne Häuser säumen die Kopfsteinpflaster-Gassen. Über 50 Kirchen aller Konfessionen kann man in Vilnius besuchen. Dazwischen Studentencafés, Galerien; in der Stadt sind viele junge Leute aus aller Welt unterwegs.

Zum Abschluss führt mich Egle noch zum »Stebuklas«, einem Pflasterstein vor der Kathedrale von Vilnius. Wer sich auf diesen Stein stellt, sich dann um 360 Grad dreht und sich dabei etwas wünscht, dem wird dieser Wunsch erfüllt! Klar mach ich das. Und für meinen Wunsch muss ich auch gar nicht lang überlegen: Ich will wiederkommen!

Und auch ein anderer, lang gehegter Wunsch soll noch auf dieser Reise in Erfüllung gehen …

*

Auf irgendeiner der vielen Fahrten von einem Drehort zum anderen passiert es:

Die Autos vor uns sind langsamer geworden, plötzlich steht alles. Zwei Wagen sind rechts rangefahren. Ist ein Unfall passiert?

Jetzt sehe ich es: Rechts von uns, circa 30 Meter entfernt, kommt langsam ein Elch aus dem Wald, läuft ein Stück auf dem Seitenstreifen und macht sich dann daran, die Straße zu überqueren. Ich springe sofort aus dem Wagen, der Kameramann samt Equipment geistesgegenwärtig hinterher. Offensichtlich bin ich nicht allein mit meinem Elchwahn – überall ringsum steigen Menschen mit Handys aus den Autos.

Der Elch hat anscheinend komplett die Ruhe weg und beachtet uns kaum. Ich bin jetzt nur noch zehn Meter von ihm entfernt. Das Tier bleibt kurz stehen und schaut mich an.

Wie lustig es aussieht! Dieser lange Kopf mit der dicken, knubbeligen Schnauze! Der mächtige, dunkelbraune Rücken, die viel zu dünnen, hohen Beine. Irgendwie scheint das alles nicht zusammenzupassen.

Den Elch zieht es weiter, er stelzt ungerührt zwischen den Autos hindurch, läuft quer über die Straße und verschwindet innerhalb von wenigen Sekunden auf der anderen Seite wieder spurlos im Wald. Obwohl der Gute es echt nicht eilig hatte, hat unser Date höchstens 40 Sekunden gedauert. Auf meinem Handy nur unbefriedigende Beute: Elch von hinten und von Weitem. Aber egal. Du bist mein Held des Tages, cooler Elch!

DIE STUNDE DER WAHRHEIT

Da ist der Reiz der Ferne – nach Wind und Weite, Freiheit. Aber auch die Sehnsucht, nach einer gelungenen Reise wieder nach Hause zu kommen.

Ich kenne beides: die Sehnsucht nach Ferne und die Sehnsucht nach Heimat. Am Beginn einer Reise überwiegt die Sehnsucht nach der Ferne. Natürlich denke ich auch gerne an meine Lieben zu Hause, wenn sie nicht mit mir unterwegs sind. Aber die neuen Eindrücke überfluten und erfüllen mich. Ein flüchtiger Moment der Seligkeit. Irgendwann, nach einigen Tagen, schlägt die Sehnsucht nach Ferne und

Abenteuer um in Heimweh. Gut zu wissen, dass es einen Ort gibt, an dem wir immer willkommen sind. Heimat.

»Das Schönste am Verreisen ist das Heimkommen«, sagt man. Theodor Fontane hat es so ausgedrückt: »Erst die Fremde lehrt uns, was wir an der Heimat besitzen.«

Lange Zeit in meinem Leben konnte ich meine Heimat nicht wirklich greifen, zu oft haben wir als Familie den Wohnort – ja sogar den ganzen Kulturkreis gewechselt.

1981, da war ich 13, zogen wir mit Sack und Pack nach Argentinien. Von Uttenreuth bei Erlangen im Frankenland nach Florida, einem Stadtteil von Buenos Aires. An das andere Ende der Welt. Ein riesiger Container voll mit Möbeln und grießmannschem Haushaltsequipment wurde verschifft. Das meiste davon kam nach einigen Wochen Transport in Buenos Aires an. Einige Kisten aber waren verschollen und kamen erst Monate später. Leider waren meine hautfarbenen Unterhemden *nicht* in diesen Kisten, sondern tauchten schon früher auf. Sie zu »verlieren« wäre eine elegante Lösung gewesen ...

Früher, als Kind, gehörte das Unterhemd in meiner Familie zur Grundgarderobe und war Pflicht. Man trug ein Unterhemd, wie man eine Unterhose und wie man Schuhe trug. Das gehörte sich so. Es gab keinerlei Verhandlungsspielraum. Meine Oma erklärte mir, dass sie zeit ihres Lebens ein Unterhemd getragen habe und auch weiterhin tragen werde – das Unterhemd als Grundstock eines gesunden Körpers. Und ja, Oma, es wird was dran gewesen sein, 99 Jahre bist du alt geworden. Auch mein Vater schwört bis heute aufs Unterhemd (Schiesser Feinripp), meine Mutter auch zeit ihres Lebens. Darin waren sie sich einig.

Erst spät in meinem Leben wird mir klar, dass es Menschen gibt, die keine Unterhemden tragen. Und auch die,

die auf dieses Kleidungsstück dauerhaft verzichten, schaffen es irgendwie, trotzdem nicht innerhalb kürzester Zeit zugrunde zu gehen.

Das Unterhemd hatte in meiner Familie jedenfalls einen fast therapeutischen Stellenwert und war die Antwort auf viele Fragen oder auch Klagen.

Wenn ich sagte: »Mir ist kalt«, folgte eine Frage unweigerlich auf dem Fuße: »Hast du ein Unterhemd an?«

Wenn ich verneinte, war direkt klar, wie sich das Problem lösen ließ. Die Antwort lag auf der Hand. Sagte ich »Ja«, folgte die Anschlussfrage: »Hast du das Unterhemd auch in die Hose gesteckt?«

»Nein ...«

»Aha. Dann weißt du ja, was zu tun ist.«

Wie oft haben wir diesen Ablauf zu Hause durchgespielt? Ich weiß es nicht. Eins stand fest: Am Frieren war man selbst schuld, wenn man die Regeln missachtete.

Unterhemd = warm. Das Unterhemd, in die Hose gesteckt, bildet eine isolierende Schicht auf der Haut und ist der Garant fürs Nichtfrieren und damit fürs Gesundbleiben.

*

Im Schiffscontainer war ein Stück alte Heimat mit nach Argentinien gekommen. Und klar, die Familie war zusammen. Aber sonst war vieles, eigentlich fast alles anders.

In meiner neuen Klasse an der deutschen »Goethe-Schule« in Buenos Aires treffe ich auf junge Ladys, die in ihrer Freizeit in Kleidern mit goldenen Gürteln und Schuhen mit hohem Absatz herumlaufen. Mit 13! In der Goethe-Schule tragen alle Schuluniform: weiße Bluse, dunkelgrüner Pullunder, gleichfarbiger Faltenrock und Kniestrümpfe Ton in

Ton. Auf dem Pullunder prangt das Schulabzeichen mit dem großen goldenen G für Goethe-Schule.

Die Goethe-Schule firmiert zwar als deutsche Schule, aber die Schülerinnen kommen aus unterschiedlichen Sprachkreisen. Es gibt die A-/B-Klassen der Deutsch-Muttersprachler und die C-/D-Klassen der Spanisch-Muttersprachler.

Die Stunde der Wahrheit kommt mit dem ersten Sportunterricht. Wir ziehen uns in der Umkleide um und ich traue meinen Augen nicht, als ich sehe, was die anderen Mädels als Unterwäsche tragen. So etwas hatte ich bislang höchstens mal so ähnlich daheim im Quelle-Katalog gesehen … BHs aus Spitze, schicke Dessous. Unterhosen, die, würde die Anzahl der Buchstaben an der Menge des Stoffes gemessen, höchstens »Un« heißen dürften, so knapp waren sie. Ich ziehe langsam meine weiße Bluse aus und versuchte dann möglichst schnell das Sportshirt über mein deutsches Unterhemd zu zerren – keine Chance. Marina aus der Nachbarklasse, ein großes, lautes Mädchen, das kaum Deutsch spricht, aber umso lauter Castellano, hat es entdeckt, kreischt los und zeigt fuchtelnd auf mich. Alle glotzen mich an und wiehern vor Lachen. Die Netten guckten mitleidig weg.

Eine solche Szene konnte ich kein zweites Mal ertragen. In einem rebellischen Akt wand ich mich aus dem Unterhemden-Diktat meiner Familie heraus. Ich befreite mich von den unzähligen hautfarbenen und weißen Unterhemden, die mein Leben bis dato begleitet hatten, und fühlte mich großartig. »Wirst schon sehen, was du davon hast«, war der Standardkommentar meiner Mutter in solchen Situationen.

*

Vor Kurzem, mit über 50, traten die Unterhemden ganz unverhofft wieder in mein Leben. Zwei Relikte aus früheren Tagen fristeten ein tristes Dasein in meiner Wäscheschublade, mir war kalt (ja, Mama), ich zog eins an *und* steckte es in die Hose.

Es war sensationell. Ein warmes, heimeliges Gefühl überflutete mich – eine Unterhemden-Heimat! Irgendwie mag ich den Gedanken. Heimat kann ein Stück Stoff sein. Ich zitiere zur Untermauerung dieser These eins meiner absoluten Lieblingszitate aus dem Boulevard. Es kommt in meinem persönlichen Ranking direkt nach der Antwort von Jerry Hall (der Ex-Frau von Mick Jagger) auf die Journalisten-Frage, ob sie ihre Haare färbe: »Selbstverständlich. Von Natur aus haben meine Haare die Farbe von Abwaschwasser.«

Das ist schon großes Kino. Aber mein Lieblingszitat stammt von Rossano Rubicondi, einem italienischen Model, damals 35 Jahre alt. Anlässlich seiner Glamourhochzeit mit Ivana Trump, 59 (ja, das ist eine Ex-Frau von Donald Trump), gab Rossano der »Bunten« ein großes Exklusiv-Hochzeits-Lovestory-Interview. Auf die Frage, ob es denn etwas gäbe, das er an seiner Braut nicht so möge, antwortete er ehrlich mit »Ja«.

Er fände es nicht so gut, dass sie nichts wegwerfen könne: »Ivana hat Pullover, die sind älter als ich.«

Also bitte. Auch eine schwerreiche Frau wie Ivana Trump hängt an Kleidungsstücken, die sie treu durchs Leben begleiten, weitaus treuer als jeder Ehemann. Damit ist der Beweis erbracht, dass auch Pullover respektive Unterhemden so etwas wie Heimat bedeuten können.

AUF DEM MARKT VON CASTELLDEFELS

Da ist er, der Geruch von Jamón Serrano, dem typisch spanischen luftgetrockneten Schinken, nach dem ich heute noch süchtig bin. Am besten gibt es dazu Oliven und Pan, ein Weißbrot, das ähnlich aussieht wie Baguette, aber ganz anders schmeckt. Der Duft des getrockneten Schinkens nimmt mich mit auf eine innere Reise. Ich mache die Augen zu und es ist alles wieder da: Nur wenige Hundert Meter von unserem Haus in Castelldefels entfernt ist ein Markt, mehrmals die Woche gehen wir, meine Mutter, meine kleine Schwester Sabina und ich, zu Fuß dorthin, um einzukaufen.

Auch unsere Nachbarin, Señora Ariño, macht sich schon früh auf den Weg und begrüßt uns herzlich wie immer am Gartenzaun, als sie mit ihrem großen spanischen Korb in der Hand vorbeiläuft. Meistens im Morgenmantel, in Hausschuhen und auf dem Kopf Lockenwickler. Sensationell. So machen das alle Hausfrauen aus der Straße. Frühmorgens geht es im Morgenmantel zum Einkaufen. Dieser Gang zählt ganz offenbar noch zur Privatsphäre. Erst nach dem Einkauf beginnt zu Hause der offizielle Tag. Meine Mutter fühlt sich in Spanien wohl, viele spanische Bräuche werden direkt von ihr übernommen. Ab sofort wird nicht mehr nur schwäbische Hausmannskost serviert, sondern auch spanisch gekocht. Regelmäßig bringen wir vom Markt eine fette Tüte voller Mejillones mit, die großen spanischen schwarzen Miesmuscheln, innen knallorange und bis heute ein Suchtmittel für mich. Im Garten wird bald ein schöner Grill gemauert, mit Kamin. Oft sitzen wir mit Freunden dort und grillen, dazu macht meine Mutter das weltbeste Alioli, diese weiße Knoblauchsoße zum Grillfleisch. In der Küche hängen zöpfeweise Knoblauchknollen, die langsam, aber sicher auch unsere schwäbischen Gerichte unterwandern. Aber mit Lockenwicklern im Morgenmantel auf die Straße? Das kommt bei meiner Mutter auf gar keinen Fall in die Tüte.

Ein, zwei Schritte, und ich bin in einer anderen Welt, ein eigener Kosmos, dunkel und kühl, die kühle Luft kriecht mir die nackten Beine hoch. Auf dem unebenen Boden sind immer wieder Pfützen, ich passe auf, mir keine nassen Füße zu holen. Wird nicht klappen.

Ich bin in der Markthalle von Castelldefels unterwegs. Stimmengewirr, Rufe und Lachen, das dumpfe »Tschack«, wenn ein Metzger mit dem Beil ein Stück Fleisch zerteilt. Das laute »Ssssccht«, wenn schwere Kisten über den Boden gezogen werden. Das Rascheln von Papiertüten, in die Getreide gefüllt wird.

Es riecht hier so gut, so frisch, nach Gewürzen und frischem Fisch, nach Schinken, nach Käse, nach Oliven und natürlich nach Colonia, dem spanischen Duftwasser, das in der Drogerie in Literplastikflaschen verkauft wird. In so einer Flasche könnte auch ein Putzmittel abgefüllt sein. Colonia ist *das* Alltagsparfüm, das quasi alle Frauen und Kinder tragen, auch wir drei Grießmann-Kinder riechen danach. Immer bevor wir das Haus verlassen, tupft uns meine Mutter ein bisschen Colonia auf Haare, Hals und Schultern.

Meine Schwester Sabina ist im spanischen Barcelona geboren, sie läuft neben mir her mit ihren langen weißblonden Zöpfen, in ihrem Sommerkleidchen, ein kleines Körbchen in der Hand, wie aus der Puppenstube geklaut. Viele Spanier sind, wenn sie sie sehen, oft schockverliebt in ihre gewellten, hellblonden Haare und ihr süßes Puppengesicht mit den blitzblauen Augen und einem gewinnenden Lächeln.

»Pipas!«, ruft sie, vermutlich eines der ersten Wörter, die sie gelernt hat. Direkt nach Mama und Papa. Pipas sind der Nationalsnack der Spanier, geröstete Sonnenblumenkerne, die Schalen überzogen mit kleinen, glänzenden Salzkristallen. Mir läuft das Wasser im Mund zusammen, wenn ich daran denke. Pipas gibt's am Stand gleich am Markteingang in kleinen Spitztütchen »to go« oder in ganzen Säcken. Der Pipasverkäufer strahlt meine Schwester, meine Mutter und mich zahnlos an – er küsst Sabina auf den Scheitel und zack, hat meine Schwester ein Tütchen in ihrem Körbchen, ich krieg eins in die Hand. Am Marktstand direkt daneben wartet schon die Eierfrau, zwischen Hunderten von weißen und braunen Eiern, die rings um sie herum aufgetürmt sind, in meiner Erinnerung meterhoch … »Hola guapas, buenos dias«, begrüßt sie uns – »Hallo, ihr Hübschen, guten Morgen«. Dann sagte sie: »Que tal mi amor«, »Wie geht's, mein Liebes«, mit diesen Worten streicht sie Sabina liebevoll über den Kopf, schmatzt ihr einen Kuss auf die Wange und schon hat sie noch ein Ei in ihrem Körbchen. So schlängeln wir uns über den Markt, immer die gleiche Route. Es ist ein Ritual, jeden Tag die gleichen Begrüßungen, man kennt sich. Der Rundgang in der Markthalle ist fast so etwas wie ein Familienbesuch.

Beim Käsemann bekommt Sabina ein kleines Stückchen Queso Manchego ins Körbchen gelegt. Mir läuft wieder das Wasser im Mund zusammen, ich glaub, der Mann sieht das, jedenfalls gibt er mir ein Stück in die Hand. Dieser Ziegenkäse ist ein Gedicht, außen hart, aber innen etwas brüchig. Dazu esse ich eine Weintraube aus Sabinas Körbchen. »Meiiiins!!«, quietscht sie und versucht den Korb hinter ihrem Rücken zu verstecken, damit ich nicht drankomme. Aber ich habe mit geübtem Griff schon eine Traube erwischt, köstlich. »Nicht streiten!«, zischt unsere Mutter knapp und flötet danach weiter mit dem netten Mann am Schinkenstand. Der Schinkenstand! Eine Offenbarung. Ich sehe ihn bereits von Weitem. Durch die Markthalle weht schon die ganze Zeit der atemberaubende Duft von frisch aufgeschnittenem Jamón Serrano. Hoch über dem Verkaufstresen hängen reihenweise pelotas, ganze Hinterbeine vom Schwein, unten ist noch der Huf dran, für spanische Kinderaugen eine Selbstverständlichkeit. Für uns Zugezogene noch etwas gewöhnungsbedürftig, auch dass unter dem Huf meistens ein kleines umgedrehtes Plastikschirmchen hängt, das die Fetttropfen auffängt. Ohne diese Vorkehrung könnte sich der Schinkenverkäufer sein Haargel sparen, denke ich. Zwischen der untersten Reihe Schweinebeine und dem gläsernen Verkaufstresen bleibt nur ein schmaler Streifen. Durch den strahlt uns der Schinkenmann an und gibt jeder von uns ein Stückchen Chorizo, herrlich würzige, rotorange Paprikawurst, auf die Hand. Wenn ich die Wurst gegessen habe, glänzt meine Handfläche wie ein oranger Spiegel vor Fett. »Nicht ans Kleid!«, flüstert meine Mutter und zwinkert noch mal in Richtung Schweinebeine. Dann zieht unsere kleine Karawane weiter.

Auch mit geschlossenen Augen kann ich genau sagen, wo der Fischstand ist. Denn von dort aus schieben sich eiskalte Schwaden über den Boden der ganzen Markthalle. Meine linke Wade ist bereits eiskalt, als wir darauf zugehen.

Eisberge, auf denen Fische und andere Seetiere gestapelt sind, türmen sich auf den Tischen. Auch darunter steht kistenweise Fisch auf Eis. Fischverkäufer schlurfen in Gummistiefeln durch Pfützen. Sie stehen mit langen weißen Plastikschürzen und Gummihandschuhen im Karree der Verkaufstische, in der Hand albtraumhaft große Beile, die im Sekundentakt auf grobe, dicke Schneidbretter sausen und Fische zerteilen.

Der große Fischstand in der Mitte der Markhalle ist optisch die Hauptattraktion. Ich liebe Muscheln, die hier in allen Farben und Größen angeboten werden, man kauft sie schaufelweise. Tintenfisch, kleine ganze Tierchen und auch die riesigen Oktopusse, von denen wir nur die Tentakel essen. Mit ihren knallpinken Saugnäpfen liegen sie auf dem Tisch vor uns, genau vor meiner Nase. Leere, glasige Fischaugen starren mich vorwurfsvoll an ...

Schon als wir die Markhalle betraten, hatte ich von Weitem etwas über den Ständen baumeln gesehen, dann aber wieder vergessen.

Jetzt hängt eine riesige Meeresschildkröte plötzlich direkt über mir. Langsam rudert sie mit den Armen und Beinen. Ich schaue entsetzt nach oben, kann aber auch nicht weggucken. Ein riesiger Fleischerhaken bohrt sich direkt hinter dem Kopf durch den Panzer der Schildkröte. »Sie lebt noch! Mama, sie lebt noch!! Die sollen die runtermachen!«

Der Fischverkäufer hat mich entdeckt und grinst. »Te gusta?!«, ruft er stolz und gibt der Schildkröte einen Stups, sodass sie sich in meine Richtung dreht. Offensichtlich will er uns zum Kauf animieren: »Es rica!« Die ist lecker!

Wir stehen sprachlos unter dem riesigen Tier, mir kommen die Tränen. Der Fischverkäufer lacht. Warum macht denn keiner was? Um uns herum haben alle beste Laune, keiner beachtet dieses Tier außer uns. Ich fühle mich machtlos und unendlich traurig. Bis heute verfolgt mich diese arme Schildkröte. Noch nie hab ich Schildkrötenfleisch gegessen – und werde es auch niemals tun.

Spätestens am Fischstand wollen wir Kinder wieder heim, wir sind durchgefroren in unseren Sommerkleidchen. Und doch kann ich mich nicht loseisen von diesen riesigen Fischen, die über dem Stand aufgehängt sind, und dieser unglaublichen Geschäftigkeit, die an diesem Stand herrscht. Es ist ein Wettlauf gegen die Zeit, das Eis schmilzt, und Fisch muss frisch verkauft werden. Spätestens seit der Lektüre der Asterix-Comics wissen wir alle, was mit Fischverkäufern passiert, die keinen frischen Fisch verkaufen. In all der Geschäftigkeit hat hier keiner Zeit, uns zuzulächeln.

DER BUS KOMMT. MEISTENS

Jeden Morgen laufe ich von unserem Haus im Stadtteil Florida ein paar Querstraßen weiter zur Bushaltestelle, um in die Innenstadt zu fahren, zur Schule im Belgrano-Viertel. Den Straßenverkehr in Buenos Aires überlebt man mit ein paar einfachen Regeln. Regel Nummer 1: Vergiss alles, was du in der Fahrschule gelernt hast! Regel Nummer 2: Ohren auf! Vorfahrtsregeln sind in diesem Land etwas für Warmduscher. Schilder oder sonstige Banalitäten wie die bekannte Verkehrsregel »rechts vor links« werden geflissentlich ignoriert. Eine rote Ampel ist in der Wahrnehmung vieler Verkehrsteilnehmer eher so etwas wie ein Vorschlag (der Witz ist geklaut von Alfons, siehe unten). Es gilt: Wer fährt, fährt. Deshalb aufgepasst: Wenn man auf eine Kreuzung zufährt, bremst man nicht und guckt auch nicht, stattdessen hupt man ein paarmal und rast weiter. Das funktioniert reibungslos – *wenn* sich jeder daran hält. Mein Vater war mit diesen Gepflogenheiten sofort einverstanden. Das Blut in seinen schwäbischen Adern ist ganz offenkundig spanisch, wenn nicht sogar südamerikanisch temperiert.

Jeden Morgen stehe ich an der Haltestelle und warte. An einem Pfosten ist ein Schild mit dem Signet der Busgesellschaft und dem Fahrplan angebracht.

Der Bus kommt auch. Meistens. Eigentlich kommt sogar fast immer einer, irgendwann. Es ist nur so, dass der Bus nicht unbedingt hält. Manchmal ist er so voll, dass außen an den (im Sommer sowieso immer offenen) Türen noch Leute auf den Trittbrettern stehen. Wenn das so ist, würde ich als Busfahrer auch nicht halten. Macht ja auch keinen Sinn.

Manchmal ist der Bus aber gar nicht voll. Er rast in einem Affentempo, also ganz normal, auf die Bushaltestelle zu – und vorbei. Einfach so. Manchmal guckt mich der Fahrer sogar noch kurz an, beim Vorbeifahren.

Schon klar, ich stehe hier nur zur Dekoration in meiner tannengrünen Schuluniform, schön oldschool. Dabei werde ich mit meiner Körpergröße von 1,80 und blonden Haaren von den Argentiniern normalerweise durchaus wahrgenommen. Heute aber nicht. Zumindest nicht von dem Typen, der da grinsend hinter seinem Steuerrad klemmt und Gas gibt.

Mich überflutet eine Mischung aus Ohnmacht und Wut. Mein Heimweh nach einer deutschen Bushaltestelle wird jeden Tag größer. Nach einem Plan, auf dem 7.32 Uhr steht – und dann kommt der Bus tatsächlich haargenau zu dieser Zeit! Traumhaft.

In Argentinien habe ich gemerkt, wie deutsch ich bin. Ja, ich bin typisch deutsch. Ich liebe es, wenn alles planmäßig funktioniert. Wenn die Regeln eingehalten werden, die man sich gesetzt hat. Ich möchte pünktlich in der Schule sein. Und ich erwarte, dass der Bus pünktlich ist! Die manchmal geschmähten deutschen Tugenden: Pünktlichkeit, Ordnung, Fleiß – ich steh drauf!

Was ist eigentlich noch alles typisch deutsch?

84 Prozent aller Deutschen lieben Bratkartoffeln, hab ich neulich gelesen. Bratwurst und Bier machen die Trilogie beliebter Traditionsgerichte komplett. Und sonst? Sind der zitierte Pünktlichkeit-Ordnung-Fleiß-Reigen oder die preußischen Tugenden nicht nur Klischees über uns Deutsche?

An den »preußischen Tugenden« ist schon was Gutes dran, finde ich. Pflichtbewusst, fleißig, pünktlich und ordentlich zu sein, das ist doch was. Wir ordnen gern! Als Tochter einer schwäbischen Hausfrau darf ich das so konstatieren. Ordnung wurde mir in die Wiege gelegt und ich habe die Herausforderung angenommen. Klare Ordnungen zu haben, das kann ich auch nach manchen meiner Erfahrungen in Argentinien und Spanien sagen, ist etwas Großartiges. Wenn man sie einmal verinnerlicht hat, machen sie das Leben leichter. Man muss zum Beispiel nicht immer neu überlegen, was zu tun ist, wenn man im Feierabendverkehr mit seinem Auto auf eine viel befahrene Straßenkreuzung zusteuert und die Ampel gerade von Gelb auf Rot umgesprungen ist.

»Wer Ordnung hält, ist nur zu faul zum Suchen«, könnte man mir nun entgegenschleudern… zum Trost aller Unordentlichen unter meinen Leserinnen und Lesern – auch ihr seid gute Menschen, ganz bestimmt!

Ein Highlight in Sachen Ordnung war übrigens meine *Planet Wissen*-Sendung über DIN-Normen vor Jahren. Da habe ich gemerkt: Unsere Normierungswut ist nicht nur praktisch, sondern auch ziemlich interessant und voll unfreiwilliger Komik. Vorher habe ich nicht gewusst, für was es alles eine DIN-Norm gibt!

Im Organisieren und Umsetzen von Plänen sind wir auch gut. Sonst wäre die Marke »Made in Germany« nicht zu einem Gütesiegel für Qualität geworden. In den vergangenen Jahren hat dieses Image aber auch ein paar Risse bekommen … Ich denke an den Diesel-Skandal oder das Debakel um den Hauptstadtflughafen. Beides hat uns international geschadet, ebenso wie der schleppende Corona-Impfstart im Frühjahr 2021. Wo ist da die deutsche Planungs- und Umsetzungskompetenz geblieben? Solche Entwicklungen machen die Risse im Fundament des Image-Denkmals noch ein bisschen tiefer. Dazu gehört auch, dass uns die Chinesen in unserer jahrzehntelang unangefochtenen Domäne der Ingenieurskunst so dermaßen auf den Fersen sind und wir trotzdem weiterhin viele Trends verschlafen.

Vielleicht stehen wir uns da mit unserer Normierungs- und Ordnungsdenke auch immer wieder ein bisschen selbst im Weg? Zu Beginn der Corona-Pandemie gingen Bilder um die Welt, wie die Chinesen innerhalb weniger Tage ein neues Krankenhaus errichten, um die Erkrankten behandeln und isolieren zu können. Ein Land wie Island hat innerhalb weniger Wochen eine super-funktionierende Corona-App im Einsatz – und wir tun uns schwer.

Dazu kommt hierzulande, dass wir anderen die guten Ideen nicht gönnen können und, wenn wir ganz ehrlich sind, gerne auch mal in Missgunst baden. Stolz darauf sein, dass es einer von uns ganz nach oben geschafft hat? Iwo. Andere auf einen Sockel stellen und sie rückhaltlos bewundern? Wozu? Stars haben es bei uns nicht leicht. Wir suchen so lange die Haare in der Suppe, bis wir sie auf die Ebene normaler menschlicher Niederungen runtergeredet haben.

Auch das Bedenkenträgertum, eng verwandt mit dem Schlechtreden, würde ich als typisch deutsch bezeichnen. Jede Familie, jedes Team, jedes Kollegium hat seine(n) Bedenkenträger. Pflichtbewusst und selbstlos bewahrt er den Rest der Truppe vor Leichtsinn und Leichtigkeit, den flatterhaften Schwestern der Spontaneität. So gelingt es dem Bedenkenträger, der natürlich auch in weiblicher Form auftritt, mühelos, jeden Spaß und jede gute Idee in null Komma nix zu verderben. Wir bewerten einander auch gerne, und das bei vielen Gelegenheiten mit einer moralischen Erhabenheit, die uns erst einmal jemand nachmachen soll.

Eng verwandt mit der deutschen Bewertungswut und der Missgunst ist die Besserwisserei. Unsere eigenen Landsleute im Osten haben das nach der Wiedervereinigung zu spüren bekommen, und zack, hatten wir unseren Spitznamen weg: »Besserwessis«.

Gerne geben wir anderen ungefragt Tipps und wundern uns, warum uns der Rest der Welt nicht dankbar um den Hals fällt, wo wir ihnen doch nur helfen wollen! Selbstlos sind wir bereit, mit leuchtendem Beispiel voranzugehen, z. B. in Sachen Mülltrennung, Klimaschutz, Kindererziehung … Ein kleines Hobby von mir ist die innerdeutsche Sprachsammlung, hier die Aufstellung zum Besserwisser: Es gibt den oder die Neunmalklugen, der »Klugscheißer« ist der derbe Bruder der Klugschwätzerin, des Schlaumeiers oder der Schlaubergerin. In Bayern gibt's das freundliche Verb »gscheithaferln«, im Norden ist der »Klugschnacker« zu Hause.

Wer ist auf dem internationalen Parkett ordnungsliebender, pünktlicher, sauberer, fleißiger und besser organisiert als wir Deutschen? Ich spitze das jetzt ganz bewusst mal etwas zu, auch wenn mir völlig klar ist, dass es nicht die oder den Deutschen gibt. Aber in der Summe der Charaktere kann man schon ein Muster erkennen. Nicht umsonst wird das romantisierende Deutschlandbild von den Dichtern und Denkern immer gerne aufs Korn genommen. Der Satiriker Karl Kraus lässt in seinem Stück »Die letzten Tage der Menschheit« sein literarisches Alter Ego, den »Nörgler«, vom »Volk der Richter und Henker« sprechen.

Kein Wunder, dass der deutsche Spießbürger ein gefundenes Fressen für alle Kabarettisten und Comedians ist. Für Alfons zum Beispiel, die Figur des französisch-deutschen Kabarettisten Emmanuel Peterfalvi. Der Franzose spießt am liebsten eine weitere deutsche Tugend auf: die Obrigkeitshörigkeit. Alfons zeigt sich schwer beeindruckt, als er das erste Mal nach Deutschland kommt. Davon, dass wir Deutschen auch tief in der Nacht an roten Ampeln stehen bleiben, wenn weit und breit nichts und niemand zu sehen ist. Und er hat sich daraufhin gefragt, warum man sich in Deutschland überhaupt die Mühe gemacht hat, die Berliner Mauer zu bauen – eine rote Ampel hätte doch auch genügt …!

Aber in vielen Ländern der Erde werden wir Deutschen wegen unserer Tugenden respektiert und oft auch bewundert. In Argentinien und auch in Spanien habe ich das als Kind in den 1970er- und 80er-Jahren erlebt. Wenn ich gesagt habe, dass ich aus Deutschland komme, wurde dies meist mit einem anerkennenden, oft auch bewundernden Nicken goutiert. Einige hielten dann eine Lobrede auf das Land, in dem »alles so gut funktioniert«.

KOFFER PACKEN! ABER RICHTIG

Wenn man sich an etwas gewöhnt hat, dann möchte man es am liebsten nicht mehr hergeben und immer bei sich haben. Das gilt für Partnerinnen und Partner, Freundinnen und Freunde, Lieblingsklamotten, Lieblingskissen, Kuscheltiere, Lieblingsserien. Und selbstverständlich auch fürs Lieblingsessen!

Mallorca wird gern als unser 17. Deutsches Bundesland bezeichnet – weil wir so unheimlich gerne und oft dorthin reisen. Sicher auch, weil sich die findigen Mallorquiner und Mallorquinerinnen auf die Vorlieben der deutschen Urlauber eingestellt haben. Viele von uns schätzen es, wenn es im Urlaub genauso ist wie zu Hause. Und auf Mallorca gibt es dann eben, wenn gewünscht, am Strand Bratwurst, Kartoffelsalat und Bier und zum Frühstück leckeren Aufschnitt und Imkerhonig – sogar oft extra aus Deutschland importiert, um den Geschmack auch wirklich zu treffen.

Gewohnheiten kommen auf leisen Sohlen. Bis wir es merken, haben sie sich schon fest in unserem Leben eingenistet – und nach einer Weile gibt's auch fast kein Zurück. Langjährige Gewohnheiten zu ändern ist harte Arbeit. Am tückischsten sind die Gewohnheiten, die uns gar nicht bewusst sind. Abläufe, die wir gefühlt schon immer genau so praktizieren, ohne sie jemals infrage gestellt zu haben – weil sie anders offenbar gar nicht denkbar sind. Als ich neulich mal wieder – wie so oft – einen Koffer gepackt habe, ist mir plötzlich klar geworden, was ich da eigentlich gerade mache: Ich kopiere meinen Vater. Eine lieb gewordene Gewohnheit, die ich gar niemals nicht ändern werde! Never change a running system.

Seit ich denken kann, knie ich neben Koffern, die gepackt werden, Koffern, die ausgepackt werden. Mein Vater war immer ein Reisender und ist es immer noch und ich sein treuester Fan. Als Siemens-Ingenieur ist er zigmal um die Welt geflogen. Allein 25-mal war er in China: in Peking, Schanghai, Wuhan. In Hongkong, Seoul, Tokio, Djakarta, Kairo, Jackson Mississippi, Orlando, Atlanta, Sao Paulo, Rio de Janeiro, Buenos Aires, New Castle, London, Amsterdam, Neapel, Moskau, Leningrad, Jekaterinenburg, Nowosibirsk, Bukarest, Budapest, Prag und Tel Aviv. Bis zu 200 Tage im Jahr war mein Vater unterwegs, auch in Costa Rica, Venezuela, Bogota, Uruguay und Paraguay. Seine längste Geschäftsreise dauerte 2 Monate. Da muss man schon einiges einpacken! Keiner packt wie Papa.

Wenn die großen Samsonite-Schalenkoffer aus dem Keller ins Wohnzimmer gebracht wurden, wussten wir Kinder: Es geht wieder los. Der Startschuss einer über Jahre sorgfältig einstudierten Choreografie, ein Ritual. Jedes Familienmitglied weiß genau, was zu tun ist.

Meine Mutter trägt die Sachen ins Wohnzimmer. Mein Vater klappt die Koffer auf. Wir Kinder dürfen nur auf der einen Seite der Koffer sitzen und sollen die Finger bei uns behalten. »Nur mit den Augen gucken!« lautet die Devise. Es dauert immer Stunden, und ich liebe es. Es hat etwas Feierliches. Es herrscht Gefühlschaos. Reisefieber und Mitfreuen vermischte sich mit Abschiedsschmerz.

Und es ist eine ernsthafte Angelegenheit. Schließlich sollen die Sachen nach 30 Stunden Reise genauso am Ziel ankommen, wie sie Uttenreuth verlassen hatten: einsatzbereit. Undenkbar, Sakkos, Hemden, Hosen, Socken, Schuhe einfach in den Koffer zu legen. Es geht darum, *effektiv* zu packen. Das heißt platzsparend. Noch heute denke ich jedesmal beim Kofferpacken an diese Szene. Ich habe Papas Methode übernommen und behaupte, sie ist unübertroffen: Wir starten mit der Hardware. Zuerst kommen die schweren Sachen rein, ganz nach unten, und auch in die Nähe der Rollen, damit der Koffer später gut ausbalanciert ist und nicht kippt. Die Schuhe werden mit Socken ausgestopft, so bleiben die Schuhe in Form, der Sockenplatz wird gespart (so macht es die sparsame, schwäbische Familie ;). Die unterste Lage besteht aus »ogattigen« (schwäbisch für unförmig) Dingen wie z. B. Schuhen. Das Ziel ist, die Zwischenräume zwischen diesen Teilen mit anderem Kleinkram, zum Beispiel dem Steckdosenadapter oder zusammengerollten Krawatten, so auszustopfen, dass kein Hohlraum bleibt und eine möglichst gleichmäßige Fläche im Koffer entsteht. Effizienz ist das oberste Gebot, schließlich packt hier ein Ingenieur. Konzentration ist gefragt, denn an diese unterste Schicht wird man so schnell nicht wieder rankommen! Nix mit kopflosem Hin und Her, einem »Ich schau noch mal nach, ob ich die langen dunkelblauen Strümpfe eingepackt habe …«. Undenkbar!

Ist die unterste Schicht vollendet, folgt der Aufbau mit den übrigen Kleidungsstücken, alle natürlich sorgfältig gefaltet. Nun ist der »Schichtkuchen« nahezu fertig. Ganz obendrauf werden Kleiderhüllen als Schutz gebreitet und mit Hingabe und Körpereinsatz flach gestrichen. Sorgfältig wird die Folie rundum nach unten hineingesteckt, denn nun naht in großen Schritten das Finale: das Schließen des Koffers.

Zuerst wird angetäuscht, der Deckel vorsichtig auf das Werk gestülpt und rundum geprüft, ob nichts heraushängt. Jetzt sind wir dran! Wir Schwestern dürfen uns auf den Koffer setzen, natürlich mit gebotener Ehrfurcht und bitte langsam und gleichmäßig! Plumpsen lassen ist verboten! Erst setzt sich eine von uns in die Mitte – prüfender Ingenieursblick. Dann die zweite dazugruppieren und auf die Gewichtverteilung achten, je nach Bedarf noch die dritte oder auch meine Mutter … Erst wenn das Ergebnis einen soliden Eindruck macht, lässt mein Vater feierlich die Schlösser einschnappen.

Frankfurt war für mich damals das Tor zur Welt, der Name der Stadt stand für große Gefühle: Abschiedsschmerz und Wiedersehensfreude. Die meisten Flüge meines Vaters gingen über den Flughafen Frankfurt, dem internationalen Drehkreuz in Deutschland. Von Frankfurt aus rief mein Vater nach der Zwischenlandung immer noch mal an, ebenso auf der Rückreise, wenn er wieder in Deutschland war. Die Telefonate begannen immer mit dem gleichen Satz: »Ja, ich bin jetzt in Frankfurt …«

Und dann wussten wir Kinder: Er ist bald wieder da!

Dazu muss man wissen: Das war alles in einer vordigitalen Zeit. Es gab keine Handys! Telefonate ins und aus dem Ausland waren kompliziert und nicht wirklich befriedigend. Schlechte Verbindungen, ewige Pausen, Netzzusammenbrüche. Wenn mein Vater uns anrufen wollte, musste er die Gespräche vorher auf einem Fernmeldeamt anmelden und bekam einen Termin zugeteilt – das war nur in größeren Städten möglich. Auch wenn es klappte, war Geduld gefragt: Denn wenn ich meinem Vater am Hörer eine Frage stellte, musste ich eine sekundenlange Stille aushalten. Warten, bis das Gesagte in Hongkong oder Rio de Janeiro angekommen war, mein Vater geantwortet hatte und ich seine Antwort schließlich hören konnte! Eine Choreografie, die ich erst als größeres Kind wirklich beherrschte. Wenn sich nur einer von beiden nicht daran hielt, gab's unverständlichen Wortsalat.

Hinzu kam der Überraschungseffekt: Wenn unser grünes Wählscheibentelefon in Uttenreuth klingelte, wusste ich beim Abheben ja nicht, wer dran war. Von wegen Display und so. Damals gab es noch echte Überraschungen! Und der Anruf aus Frankfurt war eben traditionell der erste, bei dem ich – zum Teil nach Monaten – wieder normal mit meinem Vater sprechen konnte. Und der Startschuss für die Vorfreude aufs Kofferauspacken!

Das war dann das gleiche Ritual wie beim Einpacken, nur rückwärts. Wir staunten jedes Mal aufs Neue, wie virtuos mein Vater das Koffer-Tetris zur Perfektion trieb und doch tatsächlich in den – bei Abreise definitiv nicht vorhandenen – Zwischenräumen noch Mitbringsel für uns versteckt hatte. Wie er das schaffte, blieb sein Geheimnis.

»HANDLE WITH TENDER LOVING CARE«

1976 zog meine Familie mit Sack und Pack, inklusive Katze Jule, von Spanien zurück nach Deutschland; in Uttenreuth bei Erlangen bauten meine Eltern ein Haus. Meine erste Begegnung mit dem fränkischen Dialekt war etwas schmerzhaft ... die Sprache kam mir ziemlich derb vor. Heute ist das Fränkische für mich Heimatklang. Es hat aber eine Weile gedauert, und die Eroberung meines Herzens durch die Franken ging auf jeden Fall zunächst durch den Magen ... Mit ihrer deftigen Küche haben sie mich gekriegt. Fränkische Bratwürste, Schäufele, rohe Kartoffelklöße. Kulinarisch ganz vorne dabei ist für mich auch der gebackene

Karpfen, am liebsten aus dem Aischgrund. Der Karpfen wird nur in Monaten mit einem »r« im Namen, also alljährlich von September bis April, gegessen, und ist seit Generationen als »Weihnachtskarpfen« *das* Familienessen zum traditionellen fränkischen Heiligabend (zum Glück hat auch der Dezember ein »r«!!).

Von Uttenreuth aus machten wir als Familie dann aber noch einen Abstecher nach Buenos Aires. 1981/82, da war ich 13, lebten wir in Argentinien, mein Vater leitete dort im Auftrag von Siemens eine Fabrik.

Die Anreise ist ein großes Abenteuer für meine Schwester Sabina, neun Jahre, und mich, zwölf Jahre alt. Für uns unvorstellbare 22 Stunden sitzen wir alleine mit unserer Katze Jule im Flugzeug. Wir haben große gelbe Mappen umgehängt bekommen, in denen sich alle wichtigen Unterlagen befinden – unsere Reisepässe, die Flugtickets und etwas Geld. Auf den Mappen stehen die Buchstaben U und M, wir fliegen als »unbegleitete Minderjährige« samt sedierter Katze, die in einem speziellen Transportkorb mit uns im Passagierraum unterwegs ist (die großen Lettern darauf werde ich nie vergessen: »Please handle with tender loving care!«). Mein Vater ist schon seit einiger Zeit in Buenos Aires, meine Mutter wuppt in Uttenreuth noch den Umzug und soll in ein paar Wochen nachkommen. Wir reisen bereits jetzt, um in Buenos Aires so bald wie möglich in die neuen Schulklassen zu gehen. Meine ältere Schwester wird später nachkommen, sie macht in Deutschland noch ihr Abitur fertig. Die Stewardessen sind die ganze Zeit so meganett zu uns und sehen so megagut aus, dass ich beschließe, ebenfalls Stewardess zu werden.

Der Flughafen Ezeiza liegt südwestlich am Rand der Millionenmetropole Buenos Aires, für mich die Stadt mit einem der schönsten Namen der Welt. Wer so einen Namen hat, kann nur Gutes bringen, rede ich mir ein, als wir landen. Buenos Aires bedeutet »Gute Lüfte«. Staunend laufen meine Schwester und ich in Begleitung einer Dame, die uns vom Flugzeug zum Ausgang bringen soll, durch das riesige verglaste Flughafengebäude.

Die Sonne fällt durch die Scheiben in die Halle, blendet uns und malt lange Bahnen auf den Fliesenboden. Sabina und ich sind müde, die Katze schreit, sie findet Reisen nicht so toll – obwohl sie schon erfolgreich von Spanien nach Deutschland umgesiedelt wurde. Das hätte ich an ihrer Stelle auch verdrängt ...

Obwohl ich immer zu den Größten in meinem Alter gehöre, komme ich mir gerade ziemlich klein vor. Dort, wo wir im Augenblick unterwegs sind, ist alles gleißend hell – aber die uns gegenüberliegende Seite des Flughafengeländes ist schwarz. Erstaunt bemerke ich, dass sich das Schwarz bewegt. Was ist das?

Neugierig durchqueren wir die Halle und nähern uns einer der großen Glasfronten. Das müssen wir uns genauer anschauen. Als wir nah genug dran sind, stößt meine Schwester ein lautes IIIIIHHHHHHHHhhhhhhhhhhhhhh aus. Sie hat so recht, es ist schrecklich: Millionen von riesigen Heuschrecken, jede fast so lang wie meine Hand, verdunkeln den Himmel und die Scheiben des Flughafengebäudes ... Die Tiere krabbeln unter- und übereinander, verhaken sich ineinander, rudern mit ihren Fühlern. Wir stehen vor einer schwarzen, bebenden Wand, einem Wimmelteppich aus Tierkörpern. Wie mag es sich anfühlen, wenn nur eine dieser Heuschrecken mit ihren Widerhakenbeinen langsam meinen Arm hochklettert? IIIIIIIIIIIIIIIIIhhhhhhh.

Für mich steht fest: Ich geh nicht raus aus diesem Flughafen. Argentinien kann mich mal. Wer weiß, was erst da draußen los ist?!

Die Szenerie hätte auch für einen der Hitchcock-Filme getaugt und hat sich in meinem Gedächtnis für immer eingebrannt.

GÜRTELTIERE UND SÄCKE VOLLER GELD

Zum Glück haben wir das Flughafengelände dann doch irgendwann verlassen – was hätten wir alles verpasst!! Ich hätte die Pampa nicht gesehen!

La Pampa. Eine Grassteppe am Rio de la Plata, die direkt an die Provinz Buenos Aires grenzt. Endlose Weiten. Mit meiner Schwester Anette darf ich hier ein paar Tage verbringen, Freunde haben uns auf ihre Finca eingeladen. Sie holen uns mit einem unvorstellbar großen Wohnmobil ab, einer Wohnung auf Rädern. Auf dem Dach eine Sonnenterrasse mit Kunstrasen, an der Seite eine kleine Leiter zum Hochklettern. Wir sind auf dieser Fahrt öfter mal auf dem Dach. Gefühlt schieben wir uns mit dem Gefährt haarscharf unter den Stromkabeln durch, die über die Straße gespannt sind ...

Je weiter wir uns von Buenos Aires entfernen, umso ursprünglicher werden die Dörfer, umso tiefer hängen die Stromkabel ... und irgendwann ist da nur noch Steppe. Steppe, Grashalme und Nandus, kleinere Straußenvögel, die in Grüppchen an uns vorbeifedern.

Endlich heißt es plötzlich: »Wir sind da!« Ich sehe nichts Besonderes. So weit das Auge reicht, nur Grashalme und Steppe und viele kreisrunde Löcher im Boden, in denen man locker einen bayerischen Maßkrug versenken könnte.

Unser Gastgeber zeigt mit dem Finger in Richtung Nirgendwo.

»Da!«

»Wo da?«

Ein verrostetes Tor steht mitten im Nichts. Feierlich fahren wir hindurch und erreichen nach einer ganzen Weile einen Hof mit drei Wohnhäusern, Garagen und Ställen. So stelle ich mir eine Oase in der Wüste vor. Wir sind da!

Anette und ich bekommen ein schönes Schlafzimmer mit einer hohen Decke und einem großen Bett. Wie gut, denn wir sind hundemüde. Aber bevor wir einschlafen, beschwören wir die Spinnen, die in verschiedenen Größen an der Zimmerdecke sitzen, doch bitte, bitte oben zu bleiben … Die ersten Tage merke ich mir noch die Position der Spinnen vor dem Ausschalten der Zimmerlampe. Beim ersten Augenaufschlag am nächsten Morgen checke ich ab, ob die Tierchen sich bewegt haben … Und wehe, sie sind nicht mehr dort! Wo sind sie dann?!?! Mit der Zeit akzeptiere ich aber die kleinen Mitbewohner, und die Vorfreude aufs Frühstück dominiert morgens nach dem Aufwachen.

Wir sitzen auf einer Terrasse hinter dem Haus, wunderschön umrahmt von tropischen Pflanzen. Frühstück unterm Blumendach. Und was da nicht alles wuchs! Paradiesisch.

Nach dem Frühstück beginnt das Abenteuer. Ich darf mit Tommi, dem gleichaltrigen Sohn der Familie, ausreiten. Gemeinsam schlendern wir über die Finca, vorbei an den Pferdeställen, zum Anfang des Nichts. Dorthin, wo die freie

Pampa beginnt. Dort setzen wir uns auf ein Gatter und warten auf Pedro. Der kümmert sich hier um Haus und Hof und soll gleich von einem Ausritt zurück sein, dann sind wir dran.

Nie werde ich dieses Licht vergessen: ein golden glänzendes, warmes, weiches Licht über diesem weiten Nichts. Nie wieder später war ein Nichts schöner.

Wir schauen in die Richtung, aus der Pedro kommen müsste, und tatsächlich – ist da hinten nicht eine kleine Staubwolke? Sie kommt näher. Und sie wird größer. Langsam erkennen wir den Umriss von Pferd und Reiter, im Gegenlicht galoppiert eine flirrende Wolke aus umherwirbelnden, sandgoldenen Lichtpunkten auf uns zu. Jetzt erkenne ich Pedros Gauchohut, er hält direkt auf uns zu … Die Silberbeschläge der Trense blitzen immer wieder auf und reflektieren das Sonnenlicht – aber was ist das da an der Seite? Auf beiden Seiten des Sattels prallen immer wieder große längliche Kegel auf den galoppierenden Pferdeleib, wie riesige, schwere Troddeln …

Als Pedro näher kommt und das Pferd langsamer wird, fliegen die Troddeln nicht mehr so hoch … und ich sehe sie zappeln. Pedro winkt uns fröhlich zu und hüllt uns in eine riesige Staubwolke, als er direkt vor uns zum Stehen kommt.

Dann sehe ich es genauer: An beiden Seiten des Pferdes hängen acht Gürteltiere! Sie sind mit ihren dünnen Schwänzchen am Sattel festgeknotet und rudern hilflos mit Armen und Beinen. Pedro lacht mich an, als er meinen mitleidigen Blick sieht.

»Was wir mit denen machen?«, lacht er. »Das siehst du heute Abend!«

Er schwingt sich vom Pferd, knotet mit ein paar geübten Handgriffen seine Beute vom Sattel ab und bringt uns dann unsere Pferde. Die Pferde sind zierlich und freundlich, ich fasse sofort Vertrauen. Pedro sagt, dass ich mich einfach mit einer Hand am Sattelknauf festhalten und mit der anderen die Zügel nehmen soll. Das Tier wisse dann genau, was zu tun ist, und würde auch ganz von selbst den Gürteltierlöchern ausweichen.

Die großen Löcher überall in der Steppe! Das war's also – Gürteltierbauten! Für die Pferde das Todesurteil, sagt Pedro, wenn sie da mit dem Huf reinkommen, ist es vorbei und das Bein gebrochen. Deshalb sollen wir auf den Instinkt und das Wissen der Tiere vertrauen und sie einfach laufen lassen, dem Sonnenuntergang entgegen …

Es wird herrlich. Noch heute hab ich diesen staubigen, warmen Duft nach Pferd und trockenem Gras in der Nase …

Als wir vom Ausritt zurückkommen, geht alles ganz schnell: ab in die Dusche, bald gibt es Abendessen! Nach dem Essen schleiche ich noch mal mit Tommi zu den Pferdeställen, gleich daneben steht Pedros Haus. Vor dem Haus brennt ein großes Feuer, seine ganze Familie sitzt drum herum. Wir schleichen uns in den Pferdestall und streicheln noch einmal unsere Pferde, die uns vertraut anschnauben. Nichts ist weicher als Pferdenüstern, ich will gar nicht mehr weg. Da höre ich Tommi von Weitem flüstern: »Che, komm mal her!«

Gleich neben der Stalltür, die einen Spalt offen steht, leuchtet Tommi mit der Taschenlampe in eine große Blechtonne. Darin sitzt ein Gürteltier! Nein, zwei, drei! Da sind sie also. Sie sehen unglaublich aus, diese Urtiere. Ein dicker, geriffelter Panzer mit einem kleinen Kopf vornedran. Aber es waren doch acht! Wo sind die anderen? Tommi und ich schauen uns an.

Als wir den Stall verlassen und zurück zum Wohnhaus gehen wollen, entdeckt uns Pedro und winkt uns zu sich. Er lacht uns an und zeigt ins Feuer. Da sind die fehlenden Gürteltiere! Auf Spießen werden sie im eigenen Panzer über dem Feuer gegart …

An einem anderen Abend sind Tommi und ich zusammen auf der Pirsch. Ein Puma soll nicht weit von der Finca gesehen worden sein. Nachts gehen solche Wildkatzen auf Beutezug. Das wollen wir sehen! In einer hellen Mondnacht dürfen wir im Hochsitz übernachten, der abseits der Farm liegt. Tommis Vater fährt uns mit dem Auto hin. Der Hochsitz ist eine Blechkiste auf Stelzen, vorne gibt es einen schmalen Schlitz, durch den man die Tiere beobachten kann. Ausgerüstet mit Schlafsäcken, Proviant und Ferngläsern, werden wir an diesem Beobachtungsposten ausgesetzt. Wenn die Sonne aufgeht, will Tommis Vater uns wieder abholen.

Ein wilder Puma! Wie gerne würde ich ihn sehen! Gänsehaut. Wir fragen uns, ob ein Puma die steile Leiter zu unserem Hochsitz hochkommen würde, drängeln uns stundenlang vor dem schmalen Schlitz, um Ausschau nach ihm zu halten. Wir erzählen uns Geschichten, essen Chips, flüstern und lachen. Geschlafen wird kaum. Aber zu sehen ist auch nichts: vom Puma keine Spur.

Nach unserer Rückkehr am Morgen sind Tommi und ich das Gespött der Finca … »Was habt ihr gemacht?! Geschichten erzählt und Chips gegessen?!? Da ist der Puma schon zwei Kilometer vor dem Hochsitz abgebogen …«

Stimmt wohl leider. Wir waren einfach zu laut. Ciao unbekannter Pampas-Puma. Über dieses »Abenteuer« haben Tommi und ich später noch oft gelacht.

*

Argentinien kann einen bezaubern. Aber über allem liegt – in der Zeit, in der wir dort als Familie zu Hause sind – ein Nebel der Unsicherheit. Wir leben zwei Jahre in einer Militärdiktatur, die mir immer mal wieder ins Bewusstsein kriecht. Ich höre von jungen Menschen, die spurlos verschwinden.

Eines Tages kommen Soldaten zu uns in die Schule. Zu viert stehen sie in Uniform vor der Tafel und berichten eindringlich vom Falklandkrieg. Wie wichtig es sei, die Islas Malvinas (Falklandinseln) endlich zurückzuerobern. Der Krieg könne nur gewonnen werden, wenn alle mithelfen! Auf uns käme es jetzt an, auf jeden einzelnen von uns Schülern. Die Soldaten würden ihr Leben geben für die Heimat, la patria, und auch jeder von uns müsste seinen Beitrag leisten.

Unsere Lehrerin steht neben den Soldaten, fixiert uns ernst und nickt. Die vier reden vom Hungern und Frieren, von Blut und Ehre, von Vaterlandsliebe, die offenbar auch beinhaltet, dass man bereit ist, für sein Land zu sterben. Wir Mädchen sollen zu Hause jede Menge Wollsocken stricken und alle sollen Fresspakete packen, nächste Woche kämen sie wieder.

Das Land befindet sich in einer tiefen Wirtschaftskrise. Es herrscht Inflation. Ein neues Wort in meiner Lebenswirklichkeit. Im Supermarkt stehen die Menschen mit prall gefüllten, schweren Plastiktüten voller Münzen an den Kassen. Beim Bezahlen holen sie zusätzlich dicke, von Gummibändern zusammengehaltene Bündel von Geldscheinen aus ihren Taschen. Die Münzen sind schön, goldfarben, groß und schwer, aber nicht mal mehr ihr Material wert ... Manche Händler weigern sich, die Geldstücke als Zahlungsmittel überhaupt noch anzunehmen. Wohin mit den Bergen von Metall, dessen Wert jeden Tag weiter sinkt? Wir Kinder werfen die Münzen ins Wasser und tauchen nach ihnen. Aber auch die Geldscheine sind fast nichts wert, die gigantischen Zahlen haben nicht viel zu bedeuten.

Wir sind froh, Argentinien 1982 zu verlassen, der allgegenwärtige Falklandkrieg hat uns den Rest gegeben. Erst viel später erfahre ich, dass die Militärjunta unter General Videla mitten in der Stadt ein Foltergefängnis etabliert hat. Oppositionelle betäubt und von Hubschraubern aus lebendig ins offene Meer geworfen hat, wo sie qualvoll ertranken. Schätzungsweise bis zu 30 000 Gegner der Militärdiktatur haben damals ihr Leben verloren.

Ein Albtraum. Und ich bin unter der gleichen Sonne einfach ahnungslos in die Schule gegangen und hab mich aufgeregt, wenn der Bus nicht kam …

Wie schmeckt und wie klingt Heimat?

Foto: © Niklas Coen

»ALLMÄCHT NA!«

Aus Buenos Aires kehren wir eines Tages zurück nach Uttenreuth. Ein Kulturschock erster Güte. Ich fliege wieder mit Schwester und Katze nach Deutschland, in Frankfurt steigen wir nach Nürnberg um. Als wir in der Schlange vor dem Schalter stehen, fährt mir eine kräftige Stimme durch Mark und Bein. Der Mann hinter uns ruft »Allmächt na!« und schimpft in breitestem Fränkisch auf seinen Sohn ein: »Kriechst fei glei a trumma schelln wennst su waidamachst!!« (»Allmächtiger! Du fängst dir gleich eine, wenn du so weitermachst!«) Da ist er wieder, dieser gnadenlose Dialekt. Worte wie aus einer anderen Welt.

Zurück in meiner alten Klasse am Marie-Therese-Gymnasium in Erlangen, versteht mich kein Mensch. Ich spreche deutsch genauso schnell, wie die Argentinier spanisch – also ziemlich schnell und ziemlich undeutlich. Außerdem werde ich ermahnt, nicht ständig dabei in der Luft rumzufuchteln. Ja klar, Argentinier sprechen mit Mund *und* Händen … Mit der Zeit wird es besser und ich fühle mich wieder verstanden. Ich muss auch nicht, wie beim ersten Kontakt mit den Franken längere Zeit befürchtet, auf Dauer allein bleiben. Problemlos verliebe ich mich in fränkisch sprechende Männer und fühle mich in den darauffolgenden Jahren dort so wohl, dass ich Franken irgendwann zu meiner Wahlheimat Nummer eins ernannt habe.

Sollten wir uns also jemals persönlich kennenlernen, liebe Leserin, lieber Leser, fragen Sie mich besser nicht, wo meine Heimat ist. Es könnte dauern. Die kurze, Small-Talk-taugliche Antwort lautet qua Beschluss: Franken.

Ein Hoch auf die Dialekte! Ich liebe sie. Sofort weißt du, wo jemand herkommt. Und der Dialekt erlebt zurzeit so etwas wie eine Renaissance, so meine Wahrnehmung. Lange Zeit galt er manchen als ein Ausdruck von Ungebildetheit. Das hat sich gewandelt. Deutsche Mundart hat Einzug in viele Bereiche unserer Gesellschaft gehalten. Regionalkrimis und Comics auf Kölsch oder Schwäbisch verkaufen sich gut. Und man singt auch wieder auf Deutsch und in Mundart. Ein vertrauter Klang, der vielen gefällt. Sternstunden sind die Momente, in denen mir auf fremdem Terrain jemand gegenübersteht, der einen mir vertrauten und geliebten Dialekt spricht. Da fällt mir zum Beispiel die Begegnung mit einem hochdekorierten Chefarzt eines Hamburger Klinikums ein. Als er bei uns im Fernsehstudio stand und den Mund aufmachte, hörte ich direkt den Franken. Oder in anderen Fällen eben den Schwaben.

Meine distanzlose Frage »Höre ich da einen schwäbischen Klang?« wird im Idealfall mit einem warmen Lächeln beantwortet. Und schon hat man einen persönlichen Draht zum Interviewpartner. Besser kann es nicht laufen! Aber diese direkte Frage hat mich mehr als einmal in Schwierigkeiten gebracht. Ich erinnere mich beispielsweise an einen Mann, der darüber so empört war, dass ich ihn fast nicht mehr »einfangen« konnte. Er kam eben nicht aus Schwaben, wie ich vermutet hatte, sondern aus Baden. Ich war unvorsichtig und sagte anschließend auch noch so was wie »Ist doch gleich nebenan« und »Von Dortmund aus betrachtet rücken das Badische und das Schwäbische doch ganz nah zusammen« … Davon wollte er natürlich nichts wissen. Er war sauer.

Das Bundesland, in dem beide Dialekte zu Hause sind, heißt Baden-Württemberg. Aber die Badener wollen mit den Württemberger Schwaben genauso wenig was zu tun haben wie die Westfalen mit den Rheinländern oder die Franken mit den Bayern. Oder, noch größer gedacht, die Deutschen mit den Österreichern. Ich gratuliere an dieser Stelle übrigens jedem, der das nicht so eng sieht – da haben wir eine Gemeinsamkeit. Aber viele sehen es durchaus verbissen, wenn man nicht auf den Unterschied achtet ... was sehr unterhaltsam sein kann ... Grob kann man sagen, je näher die Regionen und die Sprachwurzeln beieinanderliegen, desto weniger kann man sich leiden. Die spezielle Köln-Düsseldorf-Fehde gehört in die gleiche Kategorie. Das kommt auch sonst unter Nachbarn vor.

Nachbarn kann man sich ja nun mal meistens nicht aussuchen. Manche fühlen sich durch Länderkonstrukte wie »Nordrhein-Westfalen«, »Baden-Württemberg«, »Sachsen-Anhalt« oder »Mecklenburg-Vorpommern« bevormundet, als ob die Reihenfolge der Nennung eine Wertung darstellen würde. Und erst die Franken! Die wurden von den Bayern namentlich einfach komplett absorbiert. Dass das manche bis heute nicht verwinden können, ist bekannt.

Aber solche »Feindschaften« werden teilweise auch mit großer Lust gepflegt. Man kennt sich so gut, dass man sich trefflich verletzen kann. Denn jeder weiß ganz genau, wo er hinpiksen muss, damit es schmerzt.

Als Wanderin zwischen den Welten und Sprachbarrieren lächle ich mich durch die Animositäten und kann ich mir das emotional natürlich auch leisten, weil ich mich eben mit keinem Landstrich, in dem ich schon einmal gelebt habe, hundertprozentig identifiziere.

Ich bin quasi dreisprachig aufgewachsen: in Spanien, wo ich meine Kindheitsjahre verbracht habe. In der Schule sprach ich Hochdeutsch, auf der Straße Spanisch und zu

Hause Schwäbisch. Gelebt habe ich im Schwabenland nie, aber meine beiden Omas, die wir regelmäßig besucht haben, lebten dort. Der Großteil meiner Verwandtschaft, die meisten meiner Onkel und Tanten, Cousinen und Cousins sind nie aus dem Schwabenland weggegangen. Und das hat abgefärbt.

Auch Sprache ist Heimat und die Dialekte spielen dabei eine besondere Rolle. Meine Muttersprache ist nicht Deutsch, sondern Schwäbisch. Das wird mir schlagartig klar, als mein erster Sohn Len geboren wird und ich das allererste Mal mit ihm rede – auf Schwäbisch. Und das mitten in Bielefeld. Lens Vater, überzeugter Bielefelder, sagt erschrocken zu mir: »Das kannst du nicht machen! Der Junge lernt doch so kein Deutsch!« Aber ich konnte in diesem Moment gar nicht anders als in meiner »Muttersprache« zu ihm sprechen – und das Wort steht für mich plötzlich in einem ganz neuen Licht da.

Schwäbisch für Anfänger

Wir reden nicht, wir **schwätza** …

Ha waaisch heißt im Grunde nix, passt deswegen immer! Bedeutet so viel wie »Also« oder »Weißt du …« und ist *der* perfekte Satzeinstieg für Vielschwätzer.

Ha noi hat gar nichts mit Vietnam zu tun, sondern ist ein bekräftigtes »Nein«.

Xels ist nicht baskisch, was man meinen könnte, sondern tatsächlich pures Schwäbisch. So nennen wir die Marmelade. Und **Ebbiera** sind die Kartoffeln.

Neigschmeckte sind Zugezogene, also in Köln die »Immis« und in Bayern die »Zuagroasten«. Und zum Abschluss noch was Sinnloses zum Üben: **_Was haschn du fir Socko oh?_** (Was hast denn du für Socken an? Schnell gesprochen ist der Satz nicht mehr als deutsche Sprache zu identifizieren! Das sorgt für ratlose Gesichter und ist dadurch echt unterhaltsam ;)

An alle, die Schwäbisch schrecklich finden – und das sind ja nicht wenige –, es ist gut ausgegangen. Mein Sohn spricht heute fließend Hochdeutsch und kein Schwäbisch. Aber er ist auch in der Lage, die schwäbelnde Verwandtschaft zu verstehen.

Der Studiogast aus Baden fühlte sich jedenfalls durch meine Frage, ob er aus Schwaben käme, in seiner Identität verletzt und schlicht beleidigt. Die Badener sind offenbar seiner Meinung nach etwas Besseres als die Schwaben, somit hatte ich ihn durch die falsche Zuordnung quasi degradiert. Ich musste dann meinen ganzen Charme ausspielen, damit er sich wieder auf unser Sendungsthema konzentrieren konnte ...

Puh ... wenn er gewusst hätte, was mir durch seine Reaktion alles erspart geblieben war.

Ich lebe nämlich echt gefährlich in Sachen schwäbischer Dialekt. In der Familie meiner Eltern »schwätzen« wir Schwäbisch. Und zwar genau mit dem Klang, der bei uns im Ort und in der Region üblich ist. Und das hat Folgen. Spricht jemand genau »unser« Schwäbisch, verliere ich emotional die Kontrolle. Davon merkt mein Gegenüber natürlich nichts, aber ich merke es. Denn ich werde zutraulich. Zu zutraulich. Gibt es im Gehirn ein Verwandtschaftszentrum?

Das wird bei mir jedenfalls schlagartig aktiviert, wenn ich jemand mit einem bestimmten Klang in der Stimme schwäbeln höre. Ich vertraue dieser Person dann ad hoc, wie ich eben auch meiner Cousine Suse und meinem Cousin Wolfgang vertrauen würde. Man kennt sich doch! Wenn so was passiert, startet in meinem Inneren ein Gefecht. Die Gefühle schalten auf Vertrauen und Verbundenheit. Wärme durchströmt mich, ich bin glücklich. Gleichzeitig versucht mein »professionelles Ich« die Situation zu retten und ruft mich zur Ordnung: »Andrea Grießmann!!!! Du kennst diese Person überhaupt nicht! Distanz wahren!«

Im journalistischen Geschäft unterscheidet man sachzentrierte von personenzentrierten Interviews. Wenn eine Stadt beispielsweise ihr Theater schließen will und die Kulturreferentin ins Studio kommt, um sich den Fragen der Interviewerin zu stellen, geht es um eine Sachfrage. Ist die Kulturreferentin kurzfristig verhindert und wird von einem Stadtrat vertreten, macht das nix, es geht ja ums Theater und nicht um ihre Person. Anders ist das bei einem personenzentrierten Interview: Wenn ich Vicky Leandros zu ihrem 30. Bühnenjubiläum interviewe, geht es nur um sie und nur mit ihr. Wenn mein »Verwandtschaftszentrum« bei dieser Art von Interview anspringt, umso besser – dann kann ich im Vorgespräch eine persönliche Beziehung zu meinem Studiogast aufbauen. Je wohler er sich mit mir fühlt, umso mehr wird er sich öffnen und mir erzählen. Habe ich ein sachzentriertes Interview zu führen, sind zutrauliche Gefühle ein Hindernis, erst recht, wenn es um ein strittiges Thema geht und ich kritische Fragen stellen muss.

FRÄNKISCH BY NATURE!

Honig ist auf meiner Reisemitbringsel-Liste immer ganz oben dabei – es ist einfach zu schön: Für ein paar Wochen oder Monate kann meine ganze Familie zu Hause noch das Aroma der Region schmecken, in der ich unterwegs war. Logisch, dass Honig von der polnischen Ostseeküste anders schmeckt als der von der friesischen Nordseeinsel Ameland, oder? Und der Honig von dort hat wiederum eine völlig andere Geschmacksnote als das, was die Bienen auf Kreta oder in Istrien zusammentragen.

Honig ist Poesie. Die einheimischen Bienen sammeln den Blütenstaub von Pflanzen, die ihre Nahrung aus dem Boden gezogen haben, und auch das Aroma dieses Landstrichs, eine Meeresbrise oder was auch immer durch diese Gegend zieht, steckt in diesem Honig. Er kann nur an genau diesem Ort in dieser Komposition entstehen!

Und so ist auch Wein Poesie. Flüssige Heimat. Die Reben ziehen ihre Kraft, ihre Nährstoffe aus dem Boden, und der hat überall einen anderen Charakter. In Franken lerne ich eine ganz besonders intensive Art der Heimatverwurzelung kennen. Eine Winzerfamilie! In der Heimat verwurzelt wie Rebstöcke in den Weinbergen.

In Franken ist es, geologisch betrachtet, der »untere Muschelkalk«, der dem Wein einen besonderen Charakter verleiht, erzählt mir Eva-Maria. Sie ist die Älteste von vier Kindern der Winzerfamilie Keller, die gefühlt schon immer im unterfränkischen Eußenheim ansässig ist. Ein Weinbaubetrieb in vierter Generation, dessen Tradition sich bis ins Jahr 1856 zurückverfolgen lässt. Und ein Zweig meiner Familie! Eva-Maria ist die Nichte meines Mannes Stefan.

Ich lerne Eva-Maria näher kennen, als sie sich auf die Wahl zur Fränkischen Weinkönigin vorbereitet, sie ist eine der drei Kandidatinnen. Eine große, selbstbewusste junge Frau mit langen dunklen Haaren und genauso dunklen Augen. Heimat ist für sie eine Selbstverständlichkeit. Seit Jahrzehnten ist die Heimat ihrer Familie in Stein gemeißelt, in die hohen Kalkschaumfelsen über dem Maintal, wo der älteste Weinberg der Familie liegt.

Aus Eußenheim weggehen? Das kann sie sich nicht wirklich vorstellen. Ein Selbstverständnis, das mich als »Heimatsammlerin« fasziniert.

Ihre ganze Familie denkt so. Für Eva-Marias Mutter Martina, die sich als junge Frau für den Winzersohn Ludwig entschieden hat, stand diese Frage auch nie zur Debatte. »Mein Ludwig kann sich seine Weinberge ja schließlich nicht umhängen«, sagt sie dazu fränkisch trocken. »Fränkisch trocken« ist übrigens auch eine inoffizielle Bezeichnung für einen besonders trockenen Wein – während ein »trockener« Wein höchstens 9 Gramm Restzucker pro Liter enthalten darf, hat der »fränkisch trockene« sogar nur höchstens 4 Gramm! Und der kommt den Franken mit ihrem sprichwörtlichen trockenen Humor gerade recht.

Bei Weinproben zitiert Ludwig gerne Trinksprüche wie diesen: »Als Gott den Menschen einst erschuf, / gab er ihm gleichfalls den Beruf, / beim Franken sagte er, ich glaube – / er pflanzt die Rebe, hegt die Traube – / ohne Wein, das sah der Herr, / der Frank ein halber Mensch nur wär.« Heimat inbegriffen!

Für Eva-Maria ist Heimat nicht nur der Ort Eußenheim, sondern das große Ganze. Heimat beginnt für sie tief im fränkischen Boden. Von klein auf ist sie in den Weinbergen ihres Großvaters und Vaters unterwegs. Wie ein Weinstock ist sie hier verwurzelt, kennt genau die Eigenheiten der verschiedenen Lagen und lebt mit ihrer Familie im Kreislauf der Natur – die Termine im kellerschen Kalender setzt das Wetter. Vom Wetter ist abhängig, wann die Ernte stattfindet, das Wetter entscheidet, wann gekeltert wird und auch wann die Familie in den Urlaub fahren kann. In unserer digitalen Welt, die von jedem Einzelnen immer schnellere Entscheidungen und Festlegungen fordert, ein geradezu romantischer Anachronismus. Die Demut, die landwirtschaftliche Arbeit schon seit Menschengedenken prägt, ist eine der ältesten Geschmacksnoten in den Weinen, die im Frankenland wachsen.

Mit etwas verwachsen zu sein, das kann – wie ich es bei Eva-Maria und ihrer Familie sehe – unheimlich schön sein und helfen, den Stürmen des Lebens, die uns alle irgendwann einmal beuteln, zu widerstehen. Zu wissen, wo meine Wurzeln sind, das gibt Halt.

Aber es kann auch mal schwierig werden, wenn man sich dann doch irgendwie lösen muss, weil es in der Gegend, in der ich aufgewachsen bin, vielleicht keine Arbeit für mich (mehr) gibt. Oder weil ich wegen der Liebe in eine andere Region, ein anderes Bundesland ziehen möchte.

Heimat, das klingt mit im Wort heimelig. Man geht heim, fühlt sich zu Hause. Das Heimchen am Herd fällt mir auch noch ein, aber lassen wir das. Das ist ein Wort von vorgestern und keine schmeichelhafte Bezeichnung für jemand, der für seine Familie sorgt. Aber Heimat und Heirat unterscheidet nur ein einziger Buchstabe … Beides bindet, und der schier unendlich große gefühlige Überbau dieser beiden Begriffe ist übrigens zur gleichen Zeit aufgekommen …

Wenn ich gefragt werde, wo meine Heimat ist, komme ich trotz Schwäbeln ins Schwimmen. Denn das lässt sich nicht in einem Satz und auch irgendwie nicht abschließend beantworten. Doch dazu später mehr. Für meine Nachbarin schräg gegenüber stellt sich die Frage nach der Heimat vermutlich nicht. Für sie ist Heimat alternativlos. In dem kleinen Ort, in dem wir leben, ist sie geboren, aufgewachsen, geblieben. Sie hat hier geheiratet, Kinder bekommen, ein Haus gebaut, später wieder umgebaut und angebaut. Ein Wintergarten ist dazugekommen, eine hölzerne Veranda, ein Pool, ein Gartenhäuschen, ein riesiges Trampolin für die Kinder. Ein Carport ist in Planung. Im Wohnzimmer verströmt seit einiger Zeit ein Kachelofen Wärme und Gemütlichkeit, im Keller wäre doch auch noch Platz für eine Sauna? Ist ja alles quasi für immer, die Investition lohnt sich.

Bin ich neidisch?

Manchmal schon.

Es ist wohl so wie mit den glatten und den lockigen Haaren: Hast du glatte, willst du lockige, wirst du mit lockigen Haaren geboren, träumst du von glatten.

Denn alle meine Freundinnen, die ihr Leben lang »auf ihrer Scholle geblieben« sind, wie man im Norden sagt, beneiden mich darum, dass ich die Welt gesehen habe – und ich beneide sie um ihre Heimat, die quasi keine Sekunde infrage stand.

LA BANDERA

Meine erklärten Helden in Sachen Heimatliebe sind die Argentinier. Die haben mir leidenschaftlich vorgeführt, wie man seine Nationalität wirklich von ganzem Herzen leben und lieben kann. Im Vergleich dazu sind wir Deutschen trockene Brötchen, einpacken können wir. Auch wenn wir vor eineinhalb Jahrzehnten beim sogenannten Sommermärchen mal emotional über die Stränge geschlagen haben.

In Argentinien gibt es nichts Wichtigeres als »la patria«, die Heimat, und direkt danach kommt »la bandera«, die Fahne. Und die ist überall sichtbar. Jeder Schultag an der deutschen Goethe-Schule in Buenos Aires beginnt am Morgen mit einem Fahnenappell auf dem Hof. Jede Klasse stellte sich in Reih und Glied auf, vorne die Mädchen, hinten die Jungs, es wird ein argentinisches Heimatlied vom Band abgespielt, mitsingen müssen wir nicht. Dabei wird sehr langsam, mit allem gebotenen Respekt, die blau-weiße argentinische Fahne in den blau-weißen argentinischen Himmel gezogen. Beim ersten Mal denke ich, ich bin in einem Film, später ist es dann einfach so, Alltag.

Die Fahne ist im argentinischen Alltag so gegenwärtig wie Sauerstoff, sie ist überall präsent, sogar die Bustickets sind blau-weiß und sie ist ja auch echt schön: zwei himmelblaue Querbalken, dazwischen die lachende gelbe Sonne auf weißem Grund. La bandera. Bei jeder Gelegenheit wird sie geküsst, und am dazugehörigen Nationalfeiertag, dem »Dia de la bandera«, geht die Post ab.

Eines Tages komme ich ganz normal in die Schule und alle gucken mich komisch an. »Wo ist deine Fahne?«, raunen sie mir zu. »Es el dia de la bandera!« – »Heute ist der

Tag der Nationalflagge!« Aha. Und tatsächlich, jetzt sehe ich's, alle meine Mitschüler tragen voller Stolz eine kleine blau-weiße Fahne am Revers ... Nur ich nicht. Den ganzen Tag veräppeln sie mich und den Tag selbst auch noch. Aus dem »El día de la bandera« wird in pubertären Kreisen »El día de la bañera«, der Tag der Badewanne. Das darf dann aber kein Erwachsener hören, denn sonst gibts Ärger. Die Schule ist voller grimmig dreinblickender Wärter und die Argentinier meinen es ziemlich ernst mit ihrer Fahne. Immer wieder gibt's Konflikte, weil das Außenstehende oft nicht respektieren. Einmal sind europäische Sportler, die in Buenos Aires irgendeinen Wettkampf bestritten, danach feiernd durch Buenos Aires gezogen. Sie fanden es lustig, eine bandera abzuhängen, sie über ihre Schultern zu hängen und sie mit in ihr Hotelzimmer zu nehmen. Dafür sind sie direkt für eine Nacht im Gefängnis gelandet, die Zeitungen in Argentinien überschlugen sich am nächsten Morgen mit entsprechenden Schlagzeilen. »Schändung der Landesfahne«, dafür gibt es kein Pardon! Aus dem gleichen Grund wurde auch der Popstar Justin Bieber vor einigen Jahren angezeigt, er hatte bei einem Auftritt in Argentinien die Fahne, die ihm begeisterte Zuhörerinnen auf die Bühne geworfen hatten, mit seinem Fuß (!!!) an den Rand geschoben.

*

Meine Schulzeit in Buenos Aires liegt schon Jahrzehnte zurück. Aber als im Jahr 2020 Diego Maradona stirbt, bin ich schlagartig in Gedanken wieder in Argentinien. Ich weiß genau, in welchem Ausnahmezustand sich dieses Land jetzt befindet.

GOTT IST TOT! Kein Geringerer.

Diego Maradona war für viele der armen Menschen tatsächlich ein göttlicher Lichtstreif, weil er es von ganz unten nach ganz ganz oben geschafft hat. In diesem riesigen, wunderschönen, und doch derart von Krisen gebeutelten Land, das seit Jahrzehnten an der Insolvenz entlangschrammt und eine Währungsreform nach der anderen vergeigt, in diesem Land, in dem es so gut wie keine Mittelschicht gibt, nur Reich und Arm – da ist Diego Maradona eine Legende, die viele beseelt. »D10 s« wird Maradona in Argentinien genannt. Dabei ersetzt seine Trikot-Nummer 10 in dem Wort »dios« die mittleren zwei Buchstaben ... Wie die Argentinier ihre Stars im wahrsten Sinne des Wortes vergöttern, finde ich faszinierend. So etwas bei uns zu bringen – undenkbar!

Keine Sorge, ich bin unverdächtig und neutral in Sachen Fußball, es gibt nicht viel, was mich weniger interessiert, um ehrlich zu sein. Kurze Flashbacks an meine südamerikanische Zeit hat mir das »Sommermärchen« im WM-Jahr 2006 beschert, da waren wir schon ziemlich argentinisch unterwegs. Mit all den Fähnchen am Auto, auf Wangen, Oberarmen und Unterschenkeln ... Hat doch Spaß gemacht, oder?!

Wenn es übrigens irgendein deutsches Pendant zu den Argentiniern in Sachen Heimatliebe gibt, dann sind das wohl die Kölner. So ein hemmungsloser Lokalpatriotismus wie in Köln ist mir noch in keiner anderen deutschen Stadt begegnet. Allein die kölschen Lieder – welche andere Stadt hat so viele »Heimatbands«? Als ich Köln vor mehr als 20 Jahren kennenlerne, werden die mit der Heimat verbundenen Lieder fast nur im Karneval gespielt und natürlich auch bei Pfarrfesten oder privaten Partys von überzeugten Kölnern. Das ist heute komplett anders! Die kölschen Lieder sind allgegenwärtig und gehören inzwischen in ganz Deutschland zum Partygut. Die Höhner spielen zu Silvester am Brandenburger Tor »Viva Colonia« – was auch sonst.

Heimat und Karneval sind in Köln eins, und dazu gibt's jede Menge Lieder: »Heimat« von Planschemalöör, »Dat es Heimat« von den Räubern, »Heimat es« von den Paveiern. Und bei »Es gibt keen Wort dat sage könnt wat isch fühl wenn isch an Kölle denk« von Cat Ballou könnte ich als Teilzeit-Kölnerin glatt ein Tränchen verdrücken. Die Kölner wissen genau, was Heimat ist. »Uns Sproch es Heimat« lautete das Motto der Karnevalssession vor zwei Jahren, für alle Nicht-Kölner: »Unsere Sprache ist Heimat.«

Dazu kommt die Sache mit dem Dom. Auch Zugereiste, von den Kölnern liebevoll »Immies« genannt, verfallen dem Dom rasend schnell.

In wie vielen Wohnzimmern, Küchen oder Fluren, in wie vielen Kölner Büros hängt ein Bild vom Dom? Das Motiv gibt es auch als Schlüsselanhänger, Eierwärmer und ohne Ende als WhatsApp-Profilbild. Regionalstolz mit zwei Turmspitzen. In der Zwischenzeit haben auch andere Städte nachgezogen: »Verankert in Hamburg« steht auf Pudelmützen, die es nicht nur da oben zu kaufen gibt. Im Ruhrgebiet schneidert das Label »Grubenhelden« Mode aus original Bergmannklamotten, in Berlin wird stolz die Kollektion der »Hauptstadtrocker« getragen. Heimat ist momentan wieder hip und der beschriebene Regionalstolz kam gefühlt zeitgleich mit anderen Trends auf. Wer hätte vor einigen Jahren gedacht, dass Kuckucksuhren oder Hirschgeweihe in poppigen Farben, aufgehübscht und jungfrisiert mit Glitzer und Perlen, plötzlich in durchgestylten Wohnzimmern hängen? Die alten Heimatinsignien werden bewahrt, aber mit zeitgemäßem Anstrich.

KÖLSCHE CASANOVA

Er geht fremd. Ich merke es sofort, wenn er von der anderen kommt. Er riecht nach ihr, ihrem Parfüm, am Nacken, auf dem Kopf. Es sind seine warmen Pfoten, die ihn verraten, wenn er nach Stunden aus dem kalten Herbstwind hereinschlendert. Er sieht entspannt aus.

Und er ist satt.

Frau Marianne, die Pflegerin des alten Herrn schräg gegenüber, stellt ihm Schälchen hin, mit besonderen Leckereien. Er wird dick. Und ich finde, das ist eine angemessene Strafe.

Ich weiß bis heute nicht, in wie vielen Haushalten unser Kater Puma ein- und ausgegangen ist. Ich weiß nur, dass bei unserem Auszug zahlreiche Nachbarn mit Tränen in den Augen vor unserer Tür standen, in der Hand verschiedenste Katzennäpfe und Fressschälchen, geöffnete und ungeöffnete Packungen Katzenfutter, das sollten wir doch mitnehmen … Was Puma so alles angestellt hat, erfahre ich zum Teil erst viel später. Zum Beispiel von Inge, einer Frau von robustem Humor und sächsischem Pragmatismus.

Da Inge direkt nebenan wohnt, betrachtet der Kater ihr Haus, ihr Grundstück und wohl auch sie selbst als sein Revier. Wenn die Türen offen sind, geht er rein. Er spaziert mitten ins Wohnzimmer, schmeißt sich mit unverschämter Grandezza auf den guten Perserteppich, würdigt Inge keines Blickes und fängt langsam an, sich zu putzen.

Es ist nicht so, dass Inge ihn nicht mögen würde. Aber sie sieht ihn als eine Art unvermeidbaren Umstand. Was, wenn er sich im Haus verkriecht und sie ihn nicht mehr findet? Sie ist schlecht zu Fuß.

»Inge, freust du dich nicht über Besuch?«

»Schon – aber wenn man so gar nicht weiß, wann er kommt, und vor allem, wann er wieder geht … ach, lass mal.«

Und außerdem war da dieses Ereignis ganz am Anfang. Inge schläft im ersten Stock, zum Lüften reißt sie die Balkontür sperrangelweit auf. Als sie wieder ins Zimmer kommt, liegt der Kater mitten in ihrem Bett. Aus süßestem Schlummer gerissen, bewegte er sich nur nach mehrmaliger Aufforderung aufreizend langsam wieder hinaus.

Inge schaut mir fest in die Augen. »Das möchte ich nicht.«

Ich versuche eindringlich mit dem Kater zu reden. Inge versucht ab sofort beim Lüften Barrieren zu bauen an der Balkontür. Koffer, Kisten. Katzenbarrieren. Etwas, das es nicht gibt. Also lüftet Inge nur noch auf Kipp. Aber davon habe ich erst viele Jahre später erfahren. Sie hat ihn doch geliebt. Und er hätte sich nicht bei jeder ins Bett gelegt! Bei Danuta auf gar keinen Fall … Sie ist unsere polnische Hausperle, spricht laut mit hartem polnischem Akzent, lacht viel und herzlich – und hat oft »Problem mit S-Bahn«. Ein liebenswürdiger Mensch, der meistens einmal die Woche kommt, so genau weiß man das nie – »Problem mit S-Bahn«.

Für den Kater ist Danuta der Horror. Ist Danuta im Haus, guckt er, als wären drei Hunde im Haus. Einer im Keller, einer im ersten und einer im zweiten Stock. »Wie kannst du das zulassen?«, fragt sein anklagender Blick. Aber man hat sich arrangiert. Inzwischen laufen Danuta-Tage folgendermaßen ab: Danuta sperrt vorne die Haustür auf und ruft laut »Chaaallllooo!«. Zeitgleich hört man hinten am Haus das leise »Klack, klack« der Katzenklappe – der Kater nimmt sich eine Auszeit. Auch in der neuen Heimat hat er inzwischen Freunde gefunden. Aber Danuta gehört definitiv nicht dazu.

Ein entspannter Nachmittag. Ich krame in der Garage rum, der Kater ist bei mir, er könnte ja was verpassen. Ein Nachbar von gegenüber kommt heim. Knallgelber Porsche, junges Gemüt, Föhnfrisur. Grüßt freundlich, wir kennen uns kaum. Macht die Garage zu und schnalzt leise mit der Zunge. Wie ein geölter Blitz flitzt der Kater aus der Garage. Der Porschefahrer kniet sich halb hin, der Kater wirft sich an sein Knie und beschmust es ausgiebig. Ich konzentriere mich irritiert aufs Garageaufräumen. Als ich wenig später ins Haus gehe, guck ich noch mal rüber. »Föhnfriese« liegt hingegossen vor seiner Garage, der Kater ebenso. Man(n) versteht sich. Was sind 300 Pferdestärken gegen eine Katerstärke mit Herz. Nichts.

BENEIDENSWERT

Lassen Sie es mich mit Marilyn Monroe sagen: »Karriere machen ist etwas Herrliches, aber man kann sich nicht in einer kalten Nacht an ihr wärmen.« An einer Katze schon – und an einem Partner erst recht. Der antwortet sogar meistens, wenn Sie mit ihm sprechen ;)

Behaglichkeit verströmen – das ist eine der Hauptbeschäftigungen der Katze. Im größten Chaos liegt sie mittendrin und schläft. Und zwar egal ob der Boden gesaugt, die Bäder geputzt, die Sofakissen aufgeschüttelt sind. Wenn alle gerade zerstritten sind und sich anschweigen – die Katze signalisiert: alles bestens, es gibt keinen besseren Ort für ein kleines Entspannungsschläfchen. Ich hab mir das abgeguckt. Im größten Durcheinander kann ich mich aufs Sofa legen und 20 Minuten schlafen. Großartig. Leider nicht ganz so elegant wie eine Katze.

Heimat, Daheim, Zuhause. Dazu gehört für mich auch ein Haustier. Ein Haustier ist heimatstiftend. Mit einem Haustier herrscht zu Hause Behaglichkeit, die ruhige Schwester der viel geläufigeren Gemütlichkeit. Behaglichkeit – was für ein schönes, altmodisches Wort.

Unsere Katze Jule ist von Spanien mit uns nach Deutschland gezogen, dann nach Argentinien und wieder zurück. Einen großen Teil meines Heimatgefühls habe ich ihr zu verdanken. 18 Jahre ist sie alt geworden.

Jule, benannt nach unserer Oma Jule, war berühmt, zumindest unter »Stafette«-Lesern. Das war eine beliebte Jugendzeitschrift in den 70ern, die meine Schwester Anette gelesen hat. 1976, kurz nach unserem Umzug von Spanien nach Deutschland, hat sie in der »Stafette« neben einem selbst gezeichneten Katzenbild folgenden Text über Jule veröffentlicht: *Das ist Jule, unsere getigerte Haus- und Gartenkatze. Dass die Dame so verschreckt dreinschaut, hat nichts zu bedeuten, denn es ist ihre Hauptbeschäftigung, das »arme, gejagte Tier« zu spielen. Aber ich bin der Meinung, Jule kann sich derlei Staralllüren erlauben – sie ist schließlich eine weit gereiste Katze.*

Wir wohnten damals ein Jahr in Spanien, als uns im Februar Minka zulief, eine ganz normale, ausgewachsene Hauskatze, die allerdings bald rund und runder wurde und am 4. April vier Kätzchen zur Welt brachte. Und hier beginnt Jules Geschichte: Jule war das schwächste von Minkas vier Kindern.

Das »Mickerchen«, wie wir das winzige Häufchen Katze zunächst getauft hatten, holte aber seinen Rückstand sehr schnell auf und hatte bald das Kommando über die Geschwister Peter, Tinka und Ringel. (...)

Über Jule kann ich kaum schreiben, ohne pathetisch zu werden. Sie war die Lebensbegleiterin meiner Kindheit. Ich habe keine Kindheitserinnerung ohne dieses Tier. Jule kam zu uns, als ich 3 Jahre alt war – und sie starb, als ich 22 war. Damals hatte ich tagelang das Gefühl, die Welt um mich herum wäre stehen geblieben. Es gab nur mich und diesen Schmerz. Einen Schmerz, den ich bislang nicht kannte.

Jule war meine Vertraute, meine Komplizin. Nur von mir ließ sich die scheue Katze ohne Weiteres auf den Arm nehmen. Nur in meinem Bett oder auf meinem Fensterbrett schlief sie und streckte tagsüber ihre Pfoten auf mein Schulheft, wenn ich am Schreibtisch vor dem Fenster meine Hausaufgaben machte. Es gibt übrigens nur wenige Tiere, die mehr schlafen als Katzen: 16 Stunden schläft eine Katze im Schnitt pro Tag. Das toppen nur die Braune Fledermaus, Gürteltier, Faultier (das war klar) und der Igel.

Jeden Morgen, wenn ich zur Schule ging, begleitete Jule mich bis zum Gartentor. Und jeden Mittag, wenn ich zurückkam, erwartete mich schon die Katze, auf dem Pfosten des Gartentores sitzend. Bis heute frage ich mich, wie Jule sich meinen Stundenplan merken konnte.

In Erinnerung an unseren Kölner Kater, den geliebten, langjährigen Familienbegleiter Puma, habe ich diesen Text geschrieben:

In sich zu Hause
Heute gibt der Kater die Kugel.
Er macht sich klein und kugelrund, ein Fellball mit Ohren.
Zwei Sekunden zurechtgerollt, und er ist in sich zu Hause.
Regungslos. Stundenlang.
Beneidenswert.

Jule

Zu Hause sein, es sich gemütlich machen, keine Verpflichtungen haben. An einem Ort, an dem wir so sein können, wie wir wirklich sind. Für mich bedeutet das auch: ungeschminkt, unfrisiert, in bequemen, gemütlichen Schlabberklamotten. Mein Körper darf sich erholen von Schminke, von Styling, von hohen Schuhen, von meinem Außenbild – das mir durchaus gut gefällt, das aber fern der Kameraaugen liebend gerne einfach mal vor sich hin lümmelt.

Keine Heimat in Sicht?

Sei dir selbst ein Stück Heimat.

Nichts kennst du länger als deinen Atem, deine Gefühle, deine Gedanken.

Wir wohnen in uns selbst, ein Leben lang – das ist sozusagen unsere »Heimat to go«.

EINER VON UNS

Für die Sendereihe *Wunderschön* bin ich oft in anderen Ländern mit Deutschen unterwegs, die schon viele Jahre in dem Land leben, das wir vorstellen. Solche Menschen sprechen beide Sprachen und können meist gut einschätzen, was wir als deutsche Touristen suchen, wenn wir dort Urlaub machen, wo sie leben. In dieser Hinsicht war der Dreh mit Bergführer Mike Keim auf der Kanareninsel La Palma ein Fest. Mike ist vor Jahren mit seiner Familie ausgewandert, lebt mit Frau und zwei Töchtern in der traumschönen Bergwelt von La Palma. Seine Frau und er bieten geführte Wandertouren an. Eine solche Tour wollen wir miteinander unternehmen. Verabredet sind wir in La-Palma-Stadt, um dann hoch in die Berge zu fahren und zusammen auf den Roque de los Muchachos zu steigen, mit 2 426 Metern der höchste Berg auf La Palma.

Schon kurz nach unserer ersten Begegnung ist alles klar: Mike ist einer von uns.

Ich habe mich natürlich vorbereitet und gelesen, dass er ursprünglich aus der Stuttgarter Gegend stammt, aber das heißt ja noch lange nicht, dass jemand auch schwäbisch spricht. Als er den ersten Satz sagt, höre ich es sofort und spreche ihn direkt darauf an. Und wir lachen uns schlapp, wie klein die Welt ist!

Auf keinen Fall sollten Sie den Fehler machen und auf La Palma nur am Strand rumliegen! Sie verpassen echt was. La Palma hat so hohe Berge, dass wir bei unserer Fahrt aus der Stadt zum Startpunkt der Wanderung mehrere Klimazonen durchqueren und Landschaften sehen, die man nicht auf dieser Insel vermutet hätte.

Hemmungslos schwäbelnd sind Mike und ich gemeinsam mit dem Fernsehteam im Bus unterwegs. Auf Serpentinenstraßen geht es aufwärts, durch nebelverhangene Wälder, die kein Fantasyfilm besser inszenieren könnte. Eine unwirkliche Situation. Es sind Lorbeerwälder, eine botanische Seltenheit, die es nur an einigen wenigen Orten unserer Erde gibt, so auch auf den Azoren, den Kapverden, Madeira und den Kanaren. »Makronesien«, »glückliche Inseln«, nennt man diese Inseln vulkanischen Ursprungs, Tausende von Kilometern voneinander entfernt und trotzdem vereint in ihrer Pflanzenwelt. Und dann stehst du auf dem höchsten Gipfel La Palmas, siehst am Horizont die Nachbarinsel Teneriffa und dort den schneebedeckten Gipfel des Pico del teide. Mit 3718 Metern Höhe ist es der höchste Berg der Kanaren und auch der höchste auf spanischem Staatsgebiet überhaupt. Du fühlst dich unendlich frei, erhaben und demütig zugleich.

Und dann tauschst du dich mit deinem ortskundigen Reisebegleiter auf Schwäbisch aus. Der Knaller! Unvergessen! Mike ist übrigens inzwischen mit seiner Familie in die schwäbische Heimat zurückgekehrt ... »Gell isch halt scho schee dohoim.«

Reise in die Vergangenheit

OMA JULE

Sich zu erinnern kann helfen, dem eigenen Leben noch einmal ganz neu auf die Schliche zu kommen? Was habe ich mir »behalten«? Was rieche ich immer noch gerne, weil es mich an meine Kindheit erinnert?

Wenn ich mal nicht gut einschlafen kann, gehe ich in Gedanken durch die frühere Wohnung meiner heiß geliebten Oma Jule. Sie ist schon seit vielen Jahren nicht mehr unter uns, aber die Erinnerungen an sie sind zeitlos und immer gleich intensiv. Ich beginne meinen Rundgang im Flur ihrer kleinen Wohnung in der Bachstraße in Illingen, nahe Stuttgart. Vor dem Haus fließt die Enz vorbei. Wenn die Welt doch immer so einfach wäre und alles so schön zusammenpassen würde.

Im Flur steht bei Oma Jule eine schöne alte Kommode mit Spitzendeckchen drauf und an der Wand hängt eine kleine Vitrine, die früher mal als Aufsatz zu einem anderen Möbelstück gehört haben muss. Meine Oma ist eine Sammlerin und Bewahrerin. In der Vitrine verwahrt sie einen stolzen Reiter aus Porzellan. Er sitzt auf einem in seinem Weiß glänzenden Schimmel, hat eine rote Jacke an und einen schwarzen Helm auf. Ihm gehört immer mein erster Blick, wenn ich die Wohnung betrete. Gleich rechts geht es in Omas Schlafzimmer. Ein kleines Zimmer mit einem schmalen Bett, daneben ein altes Nachtkästchen mit einem Spitzendeckchen. Darauf steht ein großer runder Wecker, den meine Oma selbst verziert hat: Die gelben Blumen auf dem Zifferblatt hat sie selbst draufgeklebt. Wie hat sie nur das Glas abbekommen? Daneben steht ein gläserner Briefbeschwerer, den ich so schön finde, dass mir die Worte fehlen: eine unfassbar schwere Kugel, gefüllt mit aufsteigenden Luftbläschen, innen leuchtend rot.

In der Küche, original 60er-Jahre, hat fast jede Schranktür eine andere Farbe: pastellgelb, pastellblau und pastellgrün. An vielen Stellen hat meine Oma eine bunte Prilblume aufgeklebt, den Aufkleber der 70er, der jeder braven deutschen Küche den Hippie-Touch verleiht. Unter der Spüle steht die Tritop-Flasche. Wenn ich sie anfasse, klebt sie ein bisschen an meinen Fingern, innen drin dieser pappsüße Sirup, den man mit Wasser mischen kann. Das Verhältnis ist Ermessens- und Geschmacksache. Meine Schwestern und ich haben die Flaschen jedenfalls immer ziemlich schnell leergekriegt …

Im Wohnzimmer steht ein gemütliches Sofa, auf dem wir mit Oma abends »Einer wird gewinnen« gucken dürfen. So was gibt's bei uns zu Hause nicht.

Vor dem Fenster ein Tisch, links darunter ein alter Lederranzen voll mit Stiften. Stundenlang sitzen wir am Tisch und malen. Und draußen, vor dem Fenster, die Hauptattraktion, zumindest bei Regen: Vor dem Haus stehen Strommasten. Die Stromkabel sind von einem Masten zum andern gespannt und hängen in der Mitte leicht durch. Diese Mitte ist *genau* vor Omas Fenster erreicht und beschert mir eine meiner allerliebsten Kindheitserinnerungen. Wenn es regnet, wandern die Regentropfen das Kabel entlang, und *genau* vor dem Fenster meiner Oma fallen sie herunter. Stundenlang kann ich ihnen dabei zugucken: sie kommen von links, gleiten glitzernd das schwarze Kabel entlang, präsentieren sich mir kurz in ihrer ganzen glasklaren Schönheit, ziehen sich in die Länge – ziehen quasi vor mir den Hut und stürzen sich dann in die Tiefe. Es ist keine Zeit zum Traurigsein, denn schon kommt der nächste Tropfen …

Neben dem Wohnzimmer gibt es einen kleinen Raum, in dem wir Kinder schlafen dürfen, wenn wir bei Oma zu Besuch sind. Sie lässt die Tür immer einen Spalt weit auf, wenn sie noch im Wohnzimmer sitzt und strickt. Ein schmaler Lichtstreif fällt dann ins Zimmer, reicht über das Bett an die Wand. So kann ich in Gedanken auf Weltreise gehen: An der Wand hängt ein Gobelin, eine Landkarte darauf, alles gestickt. Oben ganz groß ein N für Norden, ganz unten, direkt über dem Bett ein S für Süden. An der Kopfseite des Bettes ein W für Westen und an den Füßen ein O für Osten. Über der Landkarte schwebt ein Engel mit einem runden Gesicht und wilden Locken. Er bläst die Backen dick auf und pustet den Wind über die Karte ... und schon bin ich eingeschlafen.

Selbst gestrickte Socken von Oma Jule sind für mich Liebe. Einige Paare hüte ich bis heute wie meinen Augapfel. Aber ich trage sie auch. In meiner Schublade herrscht eine Sockenhierarchie. Ganz vorne die neuesten Socken, gestrickt von der Oma meiner Söhne, Oma Christel (nicht nur in Sachen Socken eine würdige Nachfolgerin meiner Jule). Weiter hinten die noch gut erhaltenen Socken von Oma Jule, die ich nur manchmal anziehe, und ganz hinten die ältesten Schätzchen, die nur ganz selten Ausgang haben.

Wenn ich sie bedächtig anziehe, dann stelle ich mir vor, wie diese Wolle schon durch ihre Finger geglitten ist, jede Faser hat sie berührt, also berührt sie jetzt auch meinen Fuß. Langsam ziehe ich die Socken über die Ferse, dann nach oben, nicht zu fest ziehen! Meine ältesten Socken von Oma sind bestimmt fast 30 Jahre alt. Sie werden schon dünn an den Sohlen, bloß nicht kaputt reißen. Ich ziehe Nähe und Geborgenheit an. Ich gehe mit Oma Jule durch den Tag und keiner sieht es. Meine Fußheimat.

SEHNSUCHT NACH DEM URSPRÜNGLICHEN

»Früher war alles besser.« Das ist eine der beliebtesten Lügen unserer Zeit – aber wahrscheinlich sieht das jede Generation für sich irgendwann so. Und »Lüge« ist natürlich ein viel zu hartes Wort für dieses melancholische Kompliment an die Vergangenheit. Vielleicht denken wir an unsere Jugendzeit, die unbeschwert war, weil wir noch keine Verantwortung tragen mussten und uns die Eltern viel ermöglicht haben. Vielleicht haben manche eine sehnsüchtige Erinnerung an die Heimat, die es so heute nicht mehr gibt, weil alles anders geworden ist. Das Elternhaus längst verkauft oder abgerissen wurde. Kindheitserinnerungen eben.

1968, als ich geboren wurde, gab es noch die DDR, die Deutsche Demokratische Republik, Deutschland war ein geteiltes Land und das »andere« Deutschland war für mich eine Art Abenteuerland. Über meine Oma Jule, Jahrgang 1908, die Mutter meines Vaters, hatten wir Verwandtschaft in der DDR, mein Vater hatte einige Kindheitsjahre in Thüringen verbracht. Regelmäßig schickten wir Päckchen rüber mit den Dingen, die dort praktisch nicht zu bekommen und heiß begehrt waren: Filterkaffee, Schokolade, Feinstrumpfhosen und manches mehr. Das hat sich in mein Gedächtnis eingegraben, ganz positiv besetzt – weil wir erlebt haben, wie viel Freude die Post auslöste, die wir auf den Weg in den Osten brachten. Bis heute packe ich liebend gerne Päckchen.

Ab und zu besuchten wir die Verwandtschaft in der DDR, das waren Reisen in eine andere Welt. Das Leben dort war aus meiner kindlichen Sicht viel einfacher, langsamer, altmodischer. Zu essen gab es Dinge, die bei uns zu Hause sonst nur selten auf den Tisch kamen. Eben das, was es gerade gab. Oft das, was im eigenen Garten wuchs. Die Regale in den Läden waren meist seltsam leer. Grundnahrungsmittel, ja, die gab es. Anderes war Mangelware. Und die Schokolade schmeckte seltsam sandig und einfach nicht nach Schokolade ...

Ein Plumpsklo zum Beispiel war mir bis zum ersten Besuch bei unseren Verwandten auch noch nicht untergekommen. Es roch nicht so gut und das dünne, harte, pergamentartige Klopapier ohne Perforation war stark gewöhnungsbedürftig. Und auch die Reise selbst war ein Abenteuer. Jedes Mal fragten sich meine Eltern unterwegs, ob wir an der Grenze von den streng blickenden »Vopos« rausgepickt und kontrolliert werden – oder nicht? Wenn jemand rausgewunken wurde, bedeutete das im Minimum eine Stunde Schikane und für uns Kinder: Langeweile. Dieses Mal hatten wir Glück auf der Hinfahrt. Uff.

Die Besuche in der DDR waren für mich immer auch verbunden mit den Bildern herzlicher Menschen, mit von Bäumen gesäumten Alleestraßen auf dem Land, Landleben im besten Sinne – mit allem, was dazugehörte.

Die meisten Erinnerungen verbinde ich mit unserer wunderbaren Tante Hannchen. Sie war eine Freundin meiner Oma Jule und gegen diese beiden fantastischen Weibsbilder können alle Golden Girls der Welt einpacken. Es gab Tante Hannchen, die Lady, die Geschichtenerzählerin, die liebe Oma – aber am allerschärfsten fand ich Tante Hannchen, die Schmugglerin. Sie wohnte in Thüringen und besuchte uns von Zeit zu Zeit in Uttenreuth. Meine Mutter holte Tante Hannchen dann immer mit dem Auto vom Bahnhof ab und wir Kinder empfingen sie an der Haustür, wenn sie vollgepackt die Stufen hochkam. Wenn wir sie umarmen wollten, flüsterte sie manchmal: »Nich, nich!

Nich drücken! Nochher! Wortet!« Und dann verzog sie sich ganz schnell nach oben in ihr Gästezimmer.

Tante Hannchen war eine absolut beeindruckende Erscheinung, vor allem für mich als Mädchen. Klein und rund, reiste sie immer gepflegt in der Bahn im schicken Kostüm, mit sorgfältig ondulierten weißen Haaren. Und sie war von atemberaubender Herzlichkeit. Wir wussten alle, was kommt, wenn sie direkt nach der Ankunft erst einmal flink in die obere Etage unseres Hauses verschwand. Dann saßen alle gespannt um den Esstisch herum und warteten auf Tante Hannchen.

Schließlich kam sie feierlich die Treppe herunter. Sie hatte sich umgezogen, kam strahlend auf uns zu und stellte feierlich zwei Kuchenteller, zwei Untertassen und zwei Tassen auf den Tisch, Teile eines alten, schön verzierten Porzellangeschirrs.

»Das hab ich euch mitgebracht!«

»Hannchen! Wie hast du denn das gemacht?!«, rief meine Mutter.

»Keen Problem«, kicherte Hannchen, »ich hab ja genug Platz am Körper!«

»Hast du keine Angst, Hannchen, dass du unterwegs kontrolliert wirst? Du musst das nicht machen!«, sagte meine Mutter.

»Iwo«, kicherte Hannchen und zwinkerte mir zu. »Die sollen mich erst mal anfassen! Ist nur ein bisschen unbequem, weil ich die ganze Zeit so kerzengerade sitzen muss, ich will ja nicht, dass die Teller kaputtgehen!«

Und dann verriet sie uns, wo sie das Porzellan versteckt hatte: im Korsett. Die Teller rund um die Hüfte, auf jeder ihrer stattlichen Brüste eine Tasse … Wie liebte ich diese Geschichten! Von diesem Tag an starrten wir Mädels Tante

Hannchen immer erst einmal auf den Busen und schlossen Wetten ab, ob auch dieses Mal »Tassen an Bord« waren oder nicht ...

Hannchens Meisterstück war eines Tages eine große Spielzeuglokomotive, mit der mein Vater als kleiner Junge in Thüringen so gern gespielt hatte. Die Lokomotive war aus Metall, mit Tender 45 Zentimeter lang und wog bestimmt mehrere Kilo. Auch diese Spielzeugeisenbahn hatte sich Tante Hannchen für die stundenlange Bahnreise mit Klebestreifen auf den Leib geklebt! Hollywood kann einpacken, solche Geschichten kann man sich nicht ausdenken!

Im thüringischen Schöndorf bei Ziegenrück lebt Richard, ein Onkel meines Vaters, auf einem Bauernhof. Mein Vater hatte dort als 14-/15-jähriger Bub die Ferien verbracht und auf dem Hof ausgeholfen, daran erinnert er sich gerne. Inzwischen bewirtschaftet Onkel Richard mit seiner Frau und seinen drei Töchtern den Hof – für uns Kinder ein Paradies. Wir Mädchen malten oft Bilder füreinander, die wir uns gegenseitig zuschickten oder mitbrachten, manche habe ich heute noch. Lieblingsmotiv in Ost und West: Prinzessinnen, mit traumhaften Kleidern und Krönchen, klar.

Obwohl wir uns nicht oft sahen, wurden wir auf dem Hof jedes Mal aufgenommen wie eigene Kinder, alles war herzlich und unkompliziert. Nach unserer Ankunft setzten wir uns erst einmal in der Küche um den großen Tisch, guckten uns an und erzählten. Und es gab immer irgendwas zu tun auf dem Hof, bei dem wir Kinder unbedingt helfen wollten.

*

Heute müsse er noch Blutwurst machen, sagt Onkel Richard und fragt, ob wir denn dabei helfen wollen. Auf jeden Fall wollen wir das! Meine Schwestern und ich sind direkt Feuer und Flamme für diesen Vorschlag. Onkel Richard lacht, guckt meinen Vater ein bisschen länger an und fragt uns dann noch mal – wirklich? Aber klar!

Ich hatte natürlich keine Ahnung, was da auf mich zukam.

Die Gänse sind toll. So schön weiß und weich. Aber ein bisschen Angst haben wir trotzdem vor ihnen, zu oft hatte mein Vater uns schon gewarnt, wenn wir irgendwo Gänse sahen, weil sie ihn früher angezischt, verfolgt und gezwickt hatten. Aber so fest wie Onkel Richard jetzt die Gans im Griff hat, kann ich sie wunderbar streicheln. Wir holen einen Eimer und gehen dann damit zusammen aus der Scheune heraus in den Hof. Der Onkel schließt das Scheunentor, den Eimer sollen wir auf den Boden stellen und jede einen Rührlöffel in die Hand nehmen. Dann geht alles ganz schnell. Er biegt den Hals der Gans und setzt mit einem Messer einen schnellen Schnitt. Dunkelrotes Blut schießt aus dem schneeweißen Hals und landet in einem dicken Strahl sprudelnd in dem Blecheimer, den wir schnell hinschieben. Immer schön rühren sollen wir, trägt uns Richard auf.

Am Anfang zuckt und strampelt die Gans, dann bald nicht mehr. Ihr Körper ist ganz warm und weich, auch wenn sie jetzt tot ist, wie der Onkel sagt. Eine zweite Gans kommt auch noch dran, und meine Schwester und ich rühren das Blut schaumig … Alles läuft ab wie in Trance, wie in einen Bann geschlagen hängen wir an Onkel Richards Lippen und machen alles, was er sagt. Den Geruch von diesem frischen, warmen Blut hab ich heute noch in der Nase, ein ganzer Eimer voll … Schließlich werden die beiden Gänse kopfüber an das dunkelgrüne Scheunentor gehängt, jetzt rinnt das Blut nur noch tröpfchenweise in den Eimer, den wir darunter platziert haben.

Wenn ihr das nächste Mal wiederkommt, gibt's die Blutwurst, verspricht uns Onkel Richard zum Abschied, eine der geschlachteten Gänse dürfen wir nach Hause mitnehmen. Offiziell ist das natürlich streng verboten, es braucht Erfindergeist, um das tote Tier über die Grenze zu bringen. Die Gans wird in Plastiktüten verschnürt und in einen bunten Kissenbezug gesteckt, den wir Kinder »zum Kuscheln« auf die Rücksitzbank kriegen. Da soll erst mal einer draufkommen ...

Die ganze Fahrt über ist die Gans unser einziges Thema. Gerade noch war sie so warm und schön, jetzt liegt sie reglos, mausekatzentot neben uns. Meine Schwestern und ich sind nur am Schnattern. Als wir uns der Grenze nähern, spricht mein Vater ein Machtwort. »Ruhe jetzt! Und kein Wort von der Gans!«

Im Schritttempo schiebt sich die Autoschlange an den Vopos vorbei, die sich mit eisigem Blick in jedes Auto reinbeugen. Wir gucken mit tellergroßen Augen zurück ... Mein Vater kurbelt die Scheibe herunter, als wir an der Reihe sind. Während der Volkspolizist unsere Pässe kontrolliert und wir einzeln fixiert werden, versucht Vater möglichst unaufgeregt die Fragen der Beamten zu beantworten. »Wir waren auf Verwandtenbesuch ... Nein, wir führen keine Devisen mit uns ...« Dann kommt die entscheidende Frage, ob wir Lebensmittel dabeihaben. »Natürlich nicht«, sagt mein Vater willfährig, »wir kennen ja die Vorschriften.«

»Nur eine Gans!«, ruft meine Schwester Sabina vom Rücksitz und strahlt den jungen Polizisten an, der kein bisschen zurücklächelt, sondern mit Röntgenblick meinen Vater fixiert: »Eine Gans?«

»Das Kind!«, flötet meine Mutter lachend vom Beifahrersitz. »… die Kleine vermisst die Gans, die sie bei unserem Onkel streicheln durfte, haha, gell, Sabina, die Gans wollte aber beim Onkel bleiben, da geht es ihr doch gut und wir besuchen sie bald wieder …«

Meine Mutter zwinkert dem Polizisten zu: »… diese Kinder!«

Aber sie wird überhaupt gar nicht beachtet, geschweige denn bekommt sie eine Antwort. Mit einer kurzen, zackigen Handbewegung winkt uns der Polizist auf den Seitenstreifen. Mein Papa flucht leise vor sich hin und zischt noch mal nach hinten: »… ruhig jetzt do henna, heiligs Blechle noch omol …«

Eine gefühlte Ewigkeit stehen wir auf dem Seitenstreifen an der Grenzstation, während sich die Kolonne der anderen Autos langsam an uns vorbeischiebt und wir jede Menge mitleidige Blicke ernten.

Zwei Vopos kommandieren: »Alle aussteigen!«, »Kofferraum auspacken!«

»Wo waren Sie genau? Zu welchem Zweck?«

»Koffer und Taschen öffnen!«, »Werden Lebensmittel mitgeführt?«

Aber es kommt noch schlimmer. Denn jetzt heißt es plötzlich: »Rückbank ausbauen!«

Das dauert … Zwei Stunden lang schauen wir meinem Vater zu, wie er sich abrackert. Keiner hilft ihm, dabei stehen inzwischen vier Volkspolizisten um ihn herum und beobachten jede seiner Bewegungen. Mit einem fahrbaren Spiegel wird unser Auto von unten abgesucht. Meine Mutter hält uns ein Stückchen entfernt an der Hand und versucht vor allem Sabinas Fragen nach der Gans zu verhindern …

»Wo ist jetzt die Gans?«, fragt sie immer wieder, zum Glück leise.

Die Gans liegt in ihrem schönen Kissenbezug bei unserem anderen Gepäck auf der Straße, keiner beachtet das Teil. Zum Glück schnüffelt auch keiner der Schäferhunde dran rum, die es hier natürlich auch gibt an den Grenzanlagen.

Nach geschlagenen zwei Stunden können wir wieder einsteigen und weiterfahren.

Diesen Gänsebraten hat sich mein Vater mehr als verdient! Und für meine Schwestern und mich war das wohl die erste Lektion zum Thema »Wo die Wurst herkommt«.

KLEINE FLUCHTEN

Kirchen und Friedhöfe ziehen mich schon immer an. Das Wort sagt doch alles: FRIED-Hof. Frieden zu finden, Ruhe zu haben. Das ist das Beste, was einem passieren kann, und für mich als Kontrastprogramm zur lauten Fernsehbranche unschlagbar.

Stundenlang konnte ich schon als Kind mit meiner Oma Jule über Friedhöfe schlendern, Grabmäler betrachten, Inschriften lesen und spekulieren: Was war wohl passiert? Ein Ort mit 1001 Geschichten, schön arrangiert mit Blumen und Bäumen, mit Parkbänken zum Verweilen. Später gehe ich in Uttenreuth mit meiner Freundin Doris regelmäßig auf den Friedhof. Unsere vornehmste Aufgabe ist es, das Familiengrab der Köhlers zu pflegen und die Pflanzen zu gießen, was wir als neunjährige Mädchen voller Andacht machen. Aber wir lassen auch keine Gelegenheit aus, einen Blick in das kleine Aussegnungshäuschen zu werfen, das mitten auf dem Friedhof steht. Dort warten die Toten auf ihre Beerdigung. Natürlich ist das Gebäude abgesperrt, aber durch ein kleines Fenster an der Seite kann man reinschauen … Für uns ist das Fenster zu hoch, aber wozu hat der liebe Gott die Räuberleiter erfunden?

Bestimmt haben wir schon 30-mal durch das Fenster hineingeschaut. Eines Tages liegt da plötzlich ein toter alter Mann in einem Sarg aufgebahrt. Noch die Erinnerung jagt mir Gänsehaut über die Beine …

Da liegt tatsächlich einer, in einem schwarzen Anzug, die Hände gefaltet, der Mund leicht geöffnet. Eine Art Moskitonetz spannt sich über Stirn, Nase, Hände, Füße … Wir müssen ihn lange anschauen, ein paarmal die Räuberleiter-Positionen tauschen, um das alles wirklich zu begreifen. Nur ein einziges Mal hatten wir dieses »Glück«, die nächsten 30 Versuche lag wieder keiner drin …

Mitten auf diesem Friedhof steht die Uttenreuther Matthäuskirche. Als Kind für mich die schönste Kirche der Welt, der Prototyp, quasi die Messlatte für alles. Lange musste sich jede Kirche weltweit an ihr messen lassen: eine Kirche mit Zwiebelturm, für mich der Inbegriff heiler Welt. Meistens sind Zwiebeltürme im katholischen Bayern zu finden. Diese Kirche steht im protestantischen Bayern – in Franken.

Auch das Innere ist sehenswert. Die Kirchenbänke sind taubenblau gestrichen, der Altar üppig verziert mit vergoldeten Putten. Mittendrin die Kanzel, von der damals auch gerne mal alte Pfarrer runtergeschimpft haben. Einer, den ich dort erlebt habe, hat sich derart wild gestikulierend in der Kanzel nach vorne gelehnt, dass ich mehr als einmal dachte: Jetzt fällt er. Unser Gemeindepfarrer Heinz Schuster, genannt Schusti (der war's nicht!), wohnte nicht weit von der Kirche im schönsten Pfarrhaus der Welt.

Heute sind mir schlichtere Kirchen oft lieber, aber in Sachen Pfarrhaus macht den Uttenreuthern keiner was vor. Eine große, altrosa gestrichene Villa, ach was, ein kleines Schlösschen mit Türmchen und Giebeln und Fensterläden aus dunkelgrünem Holz, ein Patissier hätte es nicht schöner verzieren können. Drum herum ein verwunschener Garten mit alter Scheune. Schon immer will ich in diesem Haus wohnen, noch heute würde ich lieber morgen als übermorgen dort einziehen. Zum Glück lagen sowohl die Kirche als auch das Pfarrhaus auf meinem Schulweg. Jahrelang, wenn ich zu Fuß zur Grundschule oder später zum Bus gelaufen bin, der mich nach Erlangen ins Gymnasium brachte, saugte ich die idyllischen Bilder ein.

Auch auf meinen Reisen suche ich immer wieder die kleinen Fluchten. Einen größeren Kontrast als den Trubel eines Fernsehteams bei Dreharbeiten und die Stille in einer Kirchenbank kann ich mir schwer vorstellen. Beides ist auf seine Art schön! Aber die Abwechslung macht's.

Einfach vom Set wegschleichen und verschwinden, das geht eigentlich gar nicht. Deshalb bin ich bei manchen Kollegen gefürchtet, die wissen schon, wie gerne ich mir Auszeiten in Kirchen nehme. Dazu muss man wissen, dass ein Großteil der Dreharbeiten für mich warten bedeutet. Warten, bis die Kameras ausgeladen, aufgebaut und synchronisiert sind. Warten, bis die Sonne, die gerade hinter einer Wolke verschwindet, wieder hervorkommt. Warten, bis der Toningenieur eine Minute Meeresrauschen oder Vogelgezwitscher aufgenommen hat (und dabei die Klappe halten!). Warten, bis Kamera 1 und Kamera 2 sich einig sind, welche Einstellung die schönste ist, oder bis der Toningenieur sein Mikro ausgepackt hat und damit zu mir kommt. Noch mal warten, bis Redakteur und Autorin ausdiskutiert haben, welche der beiden Textvarianten nun schlussendlich gesprochen werden soll – und welcher Text auf gar keinen Fall …

Ich warte und warte, mal mehr und mal wenig geduldig. Und dann sehe ich in der Nähe des Drehorts den Turm einer Kirche. Wenn ich jetzt ganz kurz, nur drei Minuten, da reinhusche, merkt das doch kein Mensch … Bis die Technik steht, bin ich längst wieder draußen.

Die professionellere Variante, kurz Bescheid zu sagen: »Ich bin mal eben in dieser Kirche«, führt selten zum Erfolg. Dann heißt es meist: »Nein, Andrea, wir brauchen dich gleich, bleib bitte hier.« So wähle ich meist den Schleichweg und stehle mich kurz davon.

Um den Kollegen nicht unrecht zu tun – es hat sich viel getan in über zehn Jahren *Wunderschön*-Dreharbeiten! Heute kann es vorkommen, dass wir vor Ort aus den Autos springen und nach wenigen Minuten drehfertig sind. Wir sind alle spontaner geworden, das tut der Sendung gut. Derartige Schnelligkeit kann dazu führen, dass ich manchmal mit der Kamera verfolgt oder sagen wir begleitet werde, wenn ich kurz eigene Wege gehe … Der Zuschauer will schließlich mit mir zusammen etwas Neues entdecken, nicht wahr? Die kleine Stippvisite in eine Kirche fällt dabei leider raus … Draußen sengende Sonne, innen fast dunkel – das macht keine Kamera in einer Einstellung mit. Das Ganze müsste professionell ausgeleuchtet werden, damit es funktioniert. Und das kostet zu viel Zeit …

Meine kleinen Fluchten bleiben meine ;-).

Natürlich drehen wir auch oft in Kirchen, das ist dann sehr praktisch für mich, so kann ich schon mal sondieren, ob ich irgendwann wiederkommen möchte – wie auf Norderney.

Wir drehen in der evangelischen Inselkirche, die mich sofort mit ihrem reduzierten Charme in der Tasche hat. Von außen Backsteingotik, innen viel Weiß, dazu eine rot-weiße Decke und Balustraden in den gleichen Farben. Schöne, schlichte Glasfenster und zwei faszinierende, große Votivschiffe, die hoch über den Kirchenbänken schweben. Das eine Schiff steht unter vollen Segeln, es steht für das Leben. Das andere ist abgetakelt – und steht für den Tod. So erklärt man es mir. Gerade auf den Nordseeinseln begegnet mir immer wieder dieser furchtlose, pragmatische Umgang mit dem Tod. Er ist den Menschen, die am Meer leben, das auch schreckliche Gesichter hat, viel gegenwärtiger als uns Landratten.

Auf den Inseln sind die Wege meist kurz, das spielt mir in die Karten ... So kann ich nach Drehschluss noch mal wiederkommen, mich in Ruhe in eine Kirchenbank setzen, die Seele baumeln lassen und zum Schluss sogar eine kleine, feine Andacht miterleben.

Auch auf Amrum ist es mir mal gelungen, frühmorgens vor Drehbeginn mit dem Bus ins nächste Örtchen zu fahren und am evangelischen Gottesdienst teilzunehmen – ein tolles Erlebnis. Auf Amrum war an diesem Morgen die Kirche voll besetzt – an einem ganz normalen Sonntag. Da singt es sich gleich viel schöner!

Unsere Kirchen werden ja immer leerer, immer mehr Menschen treten aus, in meiner alten Heimatgemeinde in Köln (ja, auch ein Stück Heimat!) sind wir sonntags manchmal nur zu acht ...

Kirche St.Clemens auf Amrum

DREIMAL UMGEZOGEN IST
WIE EINMAL ABGEBRANNT

Wenn dieser Satz stimmt, siehts bei mir düster aus ... Denn es waren weit mehr Umzüge als drei, die ich bislang hinter mich gebracht habe. Sechzehnmal habe ich im Laufe der Jahre den Wohnort gewechselt. Und jedes Mal auch einiges verabschiedet, was mir lieb und wichtig war. Immer wieder die Freunde verlassen, immer wieder die Schule wechseln, immer wieder »die Neue« sein. Immer wieder Nachhilfe, weil der Lehrplan in Deutschland nicht zwingend etwas mit dem Lehrplan in Argentinien zu tun hat ... In manchen Fächern bist du nach einem Schulwechsel der Klasse im Stoff voraus, in anderen Bereichen hängst du hoffnungslos hinterher. Es gibt bei mir auch nicht die eine Grundschulklasse, sondern drei verschiedene an unterschiedlichen Orten. Keine Freunde, die mit mir im Kindergarten und in der Schule waren, mit denen ich später auch Abi gemacht habe und auch heute noch befreundet bin. Zum Glück habe ich einige enge Freunde – aber es ist immer ein Entweder-oder. Immerhin bin ich mit meiner Kindergartenfreundin aus Spanien, der Schweizerin Daniela, auch heute noch befreundet, über die Jahre und Kontinente hinweg. Te mando un beso, amiguita!

»I've got no roots« – Ich hab keine Wurzeln, mit diesem Popsong landete Alice Merton 2016 einen Megahit. Als ich den Text lese und die Geschichte der Sängerin, fühle ich mich schlagartig seelenverwandt: Alice Merton ist in Deutschland geboren, als Tochter einer Deutschen und eines Iren. Groß geworden ist sie in Großbritannien, Kanada und den USA. Bis zu ihrem 24. Lebensjahr sei sie zwölfmal umgezogen, erzählt sie in einer Fernsehsendung. Und sie sagt: »Home is, where my heart is.« – »Heimat ist dort, wo die Menschen sind, die ich liebe.«

Ja, da klingt vieles von dem an, was ich spüre, wenn ich mir das Wort auf der Zunge zergehen lasse. Für mich ist Heimat eine Art Mosaik, in dem sich nach und nach viele Teile zu einem großen Ganzen fügen. Verschiedene farbige Steine und unterschiedliche Facetten, die leuchten oder im Laufe der Zeit stumpf geworden sind. Einige dieser Mosaiksteinchen habe ich in diesem Buch aneinandergereiht. Wenn man einen Schritt zurücktritt und das Mosaik mit Abstand betrachtet, kann man Umrisse und auch Muster erkennen, vielleicht ein großes Ganzes. Elemente, die verbinden, was war, was ist und was kommen wird.

Heimat, das bedeutet Zugehörigkeit, Geborgenheit, Verwurzelung. So fest verankert wie ein großer, tief verwurzelter Baum, so unverrückbar ist in unserer Erinnerung das Umfeld, in dem wir aufgewachsen sind.

»Heimat ist da, wo man sich im Wald auskennt«, sagt meine Freundin Elke. Meine erste Reaktion: Toll, dann hab ich leider keine Heimat! Ich kenne mich nirgends im Wald aus. Das hat aber auch mit meinem lausigen Orientierungssinn zu tun …

Und was sollen die Leute sagen, meine liebste Elke, die nicht aus Dahlhausen am Rande des schönen Teutoburger Walds kommen, sondern aus einer Gegend, in der es keinen Wald gibt, hm?!

Eine Heimat zu haben, das ist ein großes Glück. Und wenn »Glück eine Beilage von Pommes« ist, wie Snoopy, der Hund aus dem Peanuts-Cartoon, mal gesagt hat, dann ist Heimat eine Beilage von deinem Lieblingsessen zu Hause bei Muttern. Das passt zur Definition meines Kollegen Jan, die mir auf Anhieb einleuchtet. Jan sagt: »Heimat ist da, wo man den Bauch nicht einziehen muss!« Das lass ich jetzt einfach mal so stehen.

Über Heimat nachzudenken macht mich auch dünnhäutig, merke ich. Ich will eine Heimat haben und jede Definition, die mich ausschließt, fasziniert mich kurz und dann frustriert sie mich ziemlich schnell. Keine Ortskenntnis im Wald, keine Heimat? Kann man Heimat dann wenigstens irgendwie nachholen?

(K)EINE BERLINERIN

Wenn man mich fragt, aus welcher Region ich komme, sage ich meist: »Das ist eine längere Geschichte«, oder: »Ich bin ein bunter Hund.«
»Und wo bist du geboren?«
Das kann ich beantworten: »In Berlin!«, sage ich stolz.
»Ah, eine Berlinerin!«, sagt mein Gegenüber. »Und welcher Stadtteil?«
»Tiergarten.«
In der Tat steht dort das Krankenhaus, in dem ich zur Welt kam. Und ich habe die ersten beiden Jahre meines Lebens mit meinen Eltern in diesem Stadtteil gewohnt. Dort stand meine Wiege. In meinem Pass steht Berlin als Geburtsort, darauf bin ich stolz. Ich liebe die Stadt, fahre bei jeder Gelegenheit hin und fühle mich dort wohl.
Aber ich bin im eigentlichen Sinne keine Berlinerin. In

der Heimat hat man Verwandtschaft und Freunde, kennt die Wege – das ist für mich in Berlin nicht so. Meine Kindheit und Jugend habe ich an anderen Orten verbracht, in anderen Ländern.

Nach der gemeinsamen Zeit in Berlin sind meine Eltern mit mir und meiner Schwester Anette nach Spanien gezogen, wir haben sechs Jahre in Castelldefels bei Barcelona gelebt. Meine Schwester Sabina ist dort geboren. Für Spanien habe ich Heimatgefühle entwickelt.

Hier bin ich in den Kindergarten gegangen und eingeschult worden, das sind prägende Erlebnisse. Ich liebe die Sprache, die ich als Kind akzentfrei gelernt habe, und die Menschen dort, wie sie mit den Händen reden. Irgendwie hat das spanische Temperament auch ein bisschen auf mich abgefärbt. Wenn ich mich für etwas begeistere oder aufrege und in Fahrt komme, dann schimmern die kulturellen Wurzeln durch.

Ich liebe die warme Luft, das Meer und das spanische Essen. Wenn ich heute nach Castelldefels komme, sind die Kindheitserinnerungen direkt wieder da. Wege, die ich kenne, weil ich sie schon als Kind gegangen bin. Allerdings kommen mir die Häuser heute viel kleiner vor als früher – und die Zäune niedriger. Damals waren die Zäune so hoch, dass ich kaum drübergucken konnte. Na klar, ich war früher ja auch selbst viel kleiner!

Schöne Erinnerungen an früher, das sind Heimatgefühle!

Als ich zwölf Jahre alt war, stand der nächste Umzug an. Dieses Mal nach Argentinien. Zwischenzeitlich hatten wir als Familie fünf Jahre in Deutschland gelebt.

*

»Heimat-Milch« steht auf dem Tetrapak, das ich in Köln kaufe. Eine schwarz-weiße Kuh guckt mich groß an, als ich die Verpackung am Küchentisch in Ruhe betrachte. Das ist mir gar nicht aufgefallen, vorhin im Supermarkt. Was wird mir damit versprochen, was erwarte ich von einer »Heimat-Milch«?

Vor allem, dass sie von »um die Ecke« kommt. Also das Vertraute, das Gute ... Tatsächlich steht klein am Rand der Packung: »Milch stammt überwiegend aus NRW«. Aha. Was ist Heimat? Ein Synonym für Nähe? Gibt es sie überhaupt, *die* Heimat? Und gibt es für mich nur eine, oder kann ich bei der Frage danach auch mehrere Antworten ankreuzen?

Der Begriff der »zweiten Heimat« ist ja bekannt, aber gibt es auch eine dritte oder vierte? Diese Fragen beschäftigen mich schon mein ganzes Leben lang.

So vieles kann Heimat sein. Ein Gefühl, ein Geruch, ein Ort, ein Landstrich. Die Herkunft spielt eine Rolle bei diesem Begriff. Woher stammen die Eltern, wie haben sie gelebt? Und welchen Geist, welche Kultur haben sie mir mitgegeben, auch wenn ich selbst vielleicht nie in der gleichen Gegend wie sie gelebt habe?

Der deutsche Dichter Christian Morgenstern hat geschrieben: »Nicht da ist man daheim, wo man seinen Wohnsitz hat, sondern da, wo man verstanden wird.«

*

Einmal habe ich meinen Vater gefragt, ob ich eine Schwäbin oder eine Fränkin sei. Er lachte laut auf und sagte, ohne auch nur eine Sekunde nachzudenken: »Andrea! Wenn eine Sau in einem Pferdestall auf die Welt kommt, ist es dann eine Sau oder ein Pferd?« Die Antwort lag auf der Hand. Nach Papas glasklarer, handfester Definition bin ich also »a Schwäble«.

Heimat geht auch durch den Magen. Ich denke an die schwäbische Hausmannskost meiner Mutter: geschmelzte Maultaschen, gebrannte Mehlsuppe (die wurde sofort gekocht, wenn jemand krank war), Linseneintopf mit Rauchfleisch, Kutteln mit heller Soße, Spätzle mit Sauerbraten, gebratene Leber mit gebräunten Zwiebelringen und Kartoffelbrei. All das ist Heimat, gar keine Frage. Aber da ist noch viel mehr: Brauchtum, Gewohnheiten, wie man sich grüßt oder »Ade« sagt. Wie, wann und warum große Feste gefeiert werden. Was man anzieht zu solchen Gelegenheiten. Welche Lieder und Gedichte auswendig gelernt werden – und noch viel mehr. Jede Region, jeder Landstrich kennt und lebt verschiedene Bräuche und Dialekte. »Du kommst aber nicht von hier ...« – das hören die Einheimischen gleich heraus, wenn man in einem fremden Ort an die Tür klopft.

Mein Schwiegervater Mathias kam als siebenjähriger, vertriebener Deutsch-Ungar nach Franken. Freundlich aufgenommen wurde er dort nicht. Aber Maria hat ihn gesehen und gesagt: »Den oder keinen«, was in dem unterfränkischen Dorf einen mittleren Orkan entfachte. Die fränkische Sturheit ist zu Recht gefürchtet – und führt, wie man auch an diesem Beispiel sehen kann, nicht selten zum Erfolg. Maria bekam ihren Mathias. Die beiden leben bis heute glücklich und zufrieden in diesem kleinen, unterfränkischen Dorf – und wenn das damals alles nicht so gekommen wäre, gäbe es meinen wunderbaren Mann nicht.

Dramatisch war das Schicksal von Oma Christel, geliebte Großmutter meiner beiden Söhne und unumstrittenes

Familienoberhaupt dieses Familienzweigs. Als Neunjährige musste sie mit Bruder und Mutter aus Elbing in Ostpreußen fliehen, der Vater war in englischer Kriegsgefangenschaft. Ihre Mutter wurde schwer krank und starb – und Christel war allein in der Fremde.

Solche Schicksale sind kein Einzelfall: Unsere Eltern- und Großelterngeneration, das waren oft Kriegsflüchtlinge. Das wirkt nach in den Familien, auch noch in meiner Generation und wohl auch noch der nächsten und übernächsten. Oft ist die Heimat bei denen, die sie verlassen oder verloren haben, ein viel größeres Thema als bei denen, die daheimgeblieben sind. Klar, oft weiß man erst, was man hatte, wenn man es verloren hat.

Mitte bis Ende des 19. Jahrhunderts gab es eine große Auswanderungsbewegung von Deutschen nach Süd- und Nordamerika. Menschen, die hofften, dort Arbeit und ein besseres Leben zu finden. Sie gründeten Kolonien und halten dort bis heute als Einwanderer »das Deutsche« hoch und pflegen alte Traditionen. Im Llanquihue im Süden Chiles oder in der Stadt Blumenau im Osten von Brasilien werden heute noch das »Bierfest« oder das »Oktoberfest« gefeiert, in Tracht werden Volkstänze aufgeführt, die Blaskapelle spielt. Man ist stolz auf die »deutsche Feuerwehr« – und wundert sich über das Befremden manch deutscher Touristen, die auf einem Südamerikatrip zufällig in diese besondere Form der Heimattümelei hineingeraten. Inzwischen sind seit der Einwanderung über 100 Jahre vergangen – aber mancherorts scheint die Zeit stehen geblieben zu sein.

Geschichte wiederholt sich. Deutschland ist seit Jahrzehnten ein Einwanderungsland. Viele Menschen kommen zu uns, weil sie hier auf ein besseres Leben hoffen. Ein legitimer Grund, finde ich. Und das Ganze hat sich im letzten Jahrzehnt noch verschärft, weil in vielen Ländern auf der südlichen Erdhalbkugel Krieg und Gewalt herrschen.

Mit den großen Flüchtlingsströmen begann 2015 bei uns in Deutschland auch eine große Diskussion über Einwanderung.

Ich glaube, ich würde mich auch auf den Weg machen, wenn ich in einem Land geboren worden wäre, das mir als junger Frau keinerlei Chancen bietet. Oder in einem Landstrich, in dem seit Jahren Krieg herrscht, in dem Menschen wegen ihrer Religion oder der Zugehörigkeit zu einer bestimmten Volksgruppe verfolgt und getötet werden. In dem es kaum etwas zu essen gibt und Trinkwasser Mangelware ist.

Wenn ich dann von einem fernen Land hören würde und den Möglichkeiten, die es mir bietet – ich würde auch versuchen, dorthin zu kommen, egal wie.

Natürlich kann Deutschland nicht alle Flüchtlinge aufnehmen, die hierherkommen wollen. Es kann nur eine Lösung geben, wenn sich viele Staaten beteiligen. Es ist eine Frage der Solidarität unter den »reichen« Ländern. Eine Solidarität, die leider nur ansatzweise existiert und auch weniger wird. Viel sinnvoller ist es, die Herkunftsländer der Flüchtenden zu stärken, damit sie ihren Bewohnern Zukunft bieten können. Leicht gesagt.

Viele Deutsche haben Angst, dass unser Land seine Identität verliert, wenn zu viele Fremde hier leben. Ich hatte diese Angst noch nie. Und ich erlebe es als eine Bereicherung, wenn ich sehe, was es in anderen Kulturen alles zu entdecken gibt: einen reichen Schatz an Traditionen, Musik, Kunst ... und erst das leckere Essen! Wenn ich im türkischen Supermarkt Oliven kaufen kann und im chinesischen Laden die Winkekatzen, die mir mein Vater schon vor 40 Jahren aus China mitgebracht hat, bevor die hier irgendjemand kannte (die Geste der erhobenen Pfote ist übrigens ein Gruß: »Es gehe dir gut!«). Ich drücke mich beim Einkaufen im türkischen Laden an den Regalen herum und lausche der fremden Sprache, es ist wie eine Mini-Reise.

Aber ich bin auch nicht blauäugig und sehe die Probleme, die entstehen, wenn Integration schiefgeht.

Wenn religiöse und kulturelle Unterschiede nicht ein großes, buntes Ganzes ergeben, sondern trennend und spaltend wirken. Und ich finde, dass jede und jeder, die beziehungsweise der dauerhaft in Deutschland bleiben will, auch Deutsch lernen sollte. Sonst funktioniert diese viel beschworene Integration einfach nicht. Und ja, es gibt leider auch Menschen, die sich gar nicht integrieren *wollen*. Ich denke da zum Beispiel an die Clanstrukturen im Ruhrgebiet oder in Berlin. Die meisten aber wollen das, davon bin ich fest überzeugt. Und viele würden auch in ihre Heimat zurückgehen, wenn sie die Möglichkeit hätten, dort in Frieden und Sicherheit zu leben, und ein Auskommen hätten. Weil auch diese Menschen ihre Heimat lieben.

Eins sollte uns immer bewusst sein: Jeder von uns ist Ausländer. In jedem anderen Land außer im eigenen. Und es gibt viele Heimatlose. Immer mehr. Menschen, die sich dort, wo sie leben, fremd fühlen und fremd bleiben.

SCHON LANGE

Zwei Dinge kommen bei meiner Betrachtung des Heimatbegriffs zusammen: eine Komponente, die »früher« oder »schon lange« heißt, und die Wiederholung. Etwas, was dir sehr vertraut ist, wird zum Ritual.

Auch Arbeit kann Heimat sein. Heimlich, still und leise hat sich der WDR, der Westdeutsche Rundfunk, in über 25 Jahren der Zusammenarbeit zu einer meiner Heimaten entwickelt. Am stärksten spüre ich das im Funkhaus Düsseldorf, meiner ersten Station im WDR. Das ist mein »Stammhaus«. Es folgten Stationen in Bielefeld, Köln, Münster, Essen und Dortmund. Ganz erstaunlich: In den WDR-Studios riecht es überall gleich! Aber warum? Ist es die Technik, das gleiche Mobiliar, werden überall die gleichen Putzmittel verwendet? Ich weiß es nicht. Aber der Geruch, den ich an den verschiedenen Orten wahrnehme, an denen ich konferiere, drehe und sende, hat tatsächlich zu einem Heimatgefühl beigetragen.

Dass jemand 20 oder 30 Jahre in einer Firma arbeitet, den gleichen Job hat, das gibt es heute kaum noch. Der Wandel der Arbeitswelt verlangt vielen ab, mobil und flexibel zu bleiben, häufig unterwegs zu sein. Wenn die Arbeit es verlangt, wird mit Sack und Pack umgezogen. Oder man verbringt sein Leben als Pendler zwischen Arbeit und Familie auf Autobahnen und in Zügen.

Kontakte haben wir heute in der Regel viel mehr als früher, nicht zuletzt durch die »sozialen Medien«, aber echte Bindung wird seltener. Unser modernes Leben bringt Heimatverlust und Heimatlosigkeit mit sich. Die Sehnsucht nach dem Verlorenen wird zum Begleiter: Wir suchen Heimatgefühle. Und wir brauchen eine Konstante im Leben. Meine Konstante ist das Schwimmen. Dieser Sport ist mir in über 30 Jahren auch ein Stück Heimat geworden. Gelernt habe ich das Schwimmen in Spanien, in einem Kurs im Schwimmbad des Tennisclubs in Castelldefels. Das »Diplom«, das ich damals bekommen habe, hebe ich sorgfältig auf, bis heute. Mein Papa ist mit mir später dann auch im Meer geschwommen. Ich durfte mich an seine Schultern dranhängen und gemeinsam ging es raus ins unendliche Blau.

Später war ich oft mit meinem Vater im Hallenbad in fränkischen Ort Spardorf. Ja, diesen Ort gibt es wirklich. Und das Hallenbad dort war natürlich nicht annähernd so schön wie das Meer … Aber immerhin, es gab in Spardorf ein Schwimmbad.

Als Studentin in Erlangen habe ich damit angefangen, mir selbst das Kraulen beizubringen und längere Strecken zu schwimmen, im Hallenbad Frankenhof und in der alten Traglufthalle des Rötelheimbads. Auch an allen meinen späteren beruflichen Stationen bin ich geschwommen: in Düsseldorf, Baden-Baden, Nürnberg, Bielefeld, Köln, Hamburg, Hannover, Dortmund und jetzt in München.

Unter Wasser fühle ich mich immer gleich. Egal ob ich im Düsseldorfer Hallenbad bin, im Münchner Feringasee oder im Meer vor Fuerteventura, Teneriffa oder La Palma. Es ist das gleiche Ziel und das gleiche Versprechen: das fantastische Gefühl danach. Das Meer hat dabei für mich eine ganz eigene Faszination. Pflanzen, Fische, unendliches Türkisgrün. Wenn die Sonne scheint, ist der Meeresboden im flachen Wasser eine Zauberwelt.

Ich tauche ein, bin in einer anderen Sphäre unterwegs. Der Lärm der Welt verstummt. Unter Wasser ist Stille. Ich bin mit mir allein und vergesse auch mal die Zeit, so erholsam ist es, zu schwimmen. Seit über 30 Jahren werde ich so getragen, völlig egal, was in meinem Leben los ist – Aufschwung und Stillstand, Glück und Leid – beim Schwimmen finde ich den Raum, in dem ich alles Sortieren und innerlich zur Ruhe kommen kann.

Es sind die immer gleichen Bewegungen, das Anspannen und Loslassen der Muskeln, der gleiche Atemrhythmus: Drei Kraulzüge rechts, Luftholen, drei Kraulzüge links, Luftholen, drei Kraulzüge rechts... Luftblasen steigen auf, ich ziehe meine Bahnen, schwimme zwischen 2000 und 4000 Metern. Im Schwimmbad ist der Raum begrenzt, das heißt immer wieder wenden. In einem See oder im Meer ist das Schwimmen für mich einfacher, ich bekomme keinen Drehwurm.

Die ersten tausend Meter explodieren meine Gedanken, so viel Energie hat sich angestaut. Ungelöste Fragen, Gedanken, alles ist jetzt da. Und ich versuche es ziehen zu lassen: verpacke das, was sich ohnehin nicht schnell lösen lässt, in Luftblasen und lasse sie an mir vorbeiziehen, ohne sie anzuschauen, ohne irgendetwas festzuhalten. Und dann kann er kommen, der Flow! Dieser Trancezustand im Hier und Jetzt – ohne Ablenkung, einfach nur im Moment, glücklich und erfüllt. Fantastisch.

HEIMAT

Der Heimatbegriff hat Wurzeln im germanischen, dem indogermanischen und auch im griechischen Sprachraum. Übertragen steht das Wort Heimat für ein »Wohnrecht mit Schlafstelle im Haus«. Eine Heimat zu haben bedeutete im Mittelalter, ein Haus oder einen Hof in einem bestimmten Gebiet zu besitzen. Jemand mit »Heimatrecht« durfte sich in einer Siedlung niederlassen, dort arbeiten und leben. Das Recht dazu konnte auf verschiedenen Wegen erlangt werden. Ganz klar hatten diejenigen ein Heimatrecht, die dort geboren wurden. Andere heirateten sich in ein Dorf ein oder bekamen das Recht zugesprochen, weil sie ein Haus in der Siedlung erwarben. Das »Heimatrecht« beinhaltete dabei auch Verpflichtungen – sich für seine Gemeinschaft einzusetzen und auch für die Armen zu sorgen.

Im Laufe der Jahrhunderte wandelte sich auch die Bedeutung des Heimatbegriffes.

Gegen Ende des 18. Jahrhunderts fühlten sich viele Menschen von ihrer Heimat entfremdet, weil die fortschreitende Industrialisierung die Lebensräume massiv veränderte. Die Sehnsucht nach einer Heimat, in der man sich (wieder) wohlfühlen konnte, spiegelt sich in den Bildern und Texten, die in der Zeit der Romantik (1795 bis 1848) entstanden, wider. Gemälde zeigten die Landschaft und Natur, nach der man sich zurücksehnte. Und die sogenannte Heimatdichtung spiegelte das Idealbild einer Kultur, die verloren zu gehen drohte.

Bis zur Mitte des 19. Jahrhunderts war Heimat ein sachlicher Begriff, der den Geburts- und Wohnort oder das Herkunftsland bezeichnete. Einfach den Platz, an dem jemand ein Aufenthaltsrecht hatte. Heimat als juristische Feststellung und als Sicherheitsaspekt – wenn jemand in Not geriet oder pleite war, konnte er (nur) in seiner Heimat öffentliche Unterstützung verlangen. So wurde zum Beispiel eine schwangere Magd wieder in ihre Heimat geschickt, weil sie nur dort im Armenhaus aufgenommen wurde.

Früher gab es auch bei uns einen sogenannten Heimatschein, und den bekam nur, wer auch Eigentum hatte. Auf diese Weise wollte man verhindern, dass Mittellose den öffentlichen Kassen auf der Tasche liegen ... Heiraten durfte bis ins 19. Jahrhundert nur jemand, der einen Heimatschein besaß.

Im 19. Jahrhundert wurde das Wort »Heimat« in Deutschland zu einem Sinnbild für das, was sich mehr und mehr Menschen wünschten: Einigkeit in einem Land, das in viele kleine Gebiete zersplittert war.

Den Begriff »Heimatschein« kennt man heute noch in der Schweiz. Zum Bürgerrechtsausweis gibt es auch einen dazugehörigen »Heimatausweis«, den man z. B. beim Einwohnermeldeamt vorlegen muss, wenn man innerhalb der Schweiz umzieht. Erst dann bekommt man eine Meldebestätigung. In meinem Fall wäre es sehr spannend geworden, wenn man mir auf den Einwohnermeldeämtern in all den vielen Orten, in denen ich meinen neuen Wohnsitz angemeldet habe, jedesmal mit der Heimatfrage gekommen wäre ...

Der Philosoph Ernst Bloch beschreibt in seinem berühmten Buch »Das Prinzip Hoffnung« die Heimat als eine Vision. Nicht als Raum oder Ort, sondern als eine Perspektive, etwas, »das allen in die Kindheit scheint und worin noch niemand war: Heimat.«

Auch zwei der berühmtesten Romantiker, die Brüder Grimm, haben sich Gedanken zur Heimat gemacht. Jakob und Wilhelm Grimm waren Historiker, Sprach- und Rechtswissenschaftler – nicht nur Märchenerzähler! »Über die Heimatliebe« hieß eine Grundsatzrede, die Jakob Grimm im Jahr 1830 hielt. Ludwig Emil Grimm, der jüngere Bruder der beiden, absolvierte an der Kasseler Kunstakademie eine Ausbildung und machte sich mit seinen Zeichnungen und Radierungen einen Namen. Seine Landschaftsbilder und Naturstudien zeigen eine ausgeprägte Natur- und Heimatliebe und halten ein Ideal im Bild fest.

*

Viele Deutsche aus meiner Generation haben ein Störgefühl, wenn von »Heimat« gesprochen wird. Das Wort hat ebenso wie das »Heimatland« oder das »Vaterland« durch die schrecklichen Ereignisse im Dritten Reich Schaden genommen. Die Begriffe möchten manche am liebsten gar nicht mehr benutzen. Zu viel wurde in den Generationen vor uns für das viel beschworene Vaterland geopfert. Die Nationalsozialisten hatten das Wort Heimat mit den Begriffen »Blut und Boden« verbunden, für eine »neue Heimat im Osten« gekämpft, in ihrer kruden Rassenlehre diejenigen ausgeschlossen, die nicht dem »arischen Idealbild« entsprachen. Millionen von Menschen wurden vertrieben und ermordet.

Um die vermeintliche »Vaterlandspflicht« zu erfüllen, schien kein Preis zu hoch. Mehr als 5,5 Millionen deutsche Soldaten starben im Zweiten Weltkrieg, der allein in Deutschland mehr als 2,1 Millionen »zivile Opfer« forderte. In jeder deutschen Familie gab es große Verluste: Großväter, Väter und Brüder, die »im Krieg blieben«, als vermisst gemeldet wurden oder erst nach Jahren aus der Kriegsgefangenschaft heimkehrten. Auch bei uns: Mein Opa Erich ist »im Krieg geblieben«, meine Mutter hat ihren Vater nie kennengelernt.

Bei uns im Haus hängt ein gerahmtes Schwarz-Weiß-Foto von ihm, das ich ab und zu anschaue, dann sehe ich einen ernsten jungen Mann in Uniform mit akkuratem Scheitel.

Auch mein Patenonkel Wolfgang, der ältere Bruder meines Vaters, musste als 17-Jähriger »in den Krieg ziehen«. In Italien, südlich von Rom, wurde er verwundet, sein Oberarm durchschossen. Zwei amerikanische Soldaten haben ihn gefunden, gefangen genommen und gleichzeitig gerettet. Er wurde freundlich behandelt und gut medizinisch versorgt. Die Amerikaner brachten ihn anschließend in einem Gefangenentransport mit dem Schiff erst nach Nordafrika und dann nach Nordamerika. Auch während der Atlantiküberquerung war die medizinische Versorgung bestens, Wolfgang bekam beispielsweise sogar jeden Tag an Bord Unterwassermassagen. In Amerika angekommen, feierte Wolfgang seinen 18. Geburtstag. Sein Arm wurde operiert und er kam nach drei Jahren in Gefangenschaft im Jahr 1946 geheilt wieder in seine schwäbische Heimat zurück.

Das alles weiß ich so genau, weil mein Vater schon länger an seiner Biografie schreibt und dafür auch seinen heute 95-jährigen Bruder viele Stunden lang interviewt hat. Wie gut, dass das alles festgehalten wird! Denn um Zukunft zu gestalten, ist es auch wichtig, die Vergangenheit der eigenen Familie zu kennen. Wie sollten meine Kinder – und irgendwann auch die Enkel – sich das sonst vorstellen können, wie es war, als ihre Vorfahren ihre Heimat verlassen mussten, um »ihrem Land zu dienen«, wie man damals gesagt hat.

Es klingt einiges mit, wenn wir den Begriff »Heimat« in den Mund nehmen. Von »Heimaterde« will kaum einer mehr sprechen, ebenso wenig wie vom »Vaterland«. Zu oft wurden diese Wörter von den Nationalsozialisten missbraucht – und auch heute wird der Heimatbegriff von der rechten Ecke gerne benutzt. Aber er gehört ihnen nicht.

Mehr als einmal habe ich hochgezogene Augenbrauen gesehen, wenn ich erzählt habe, dass ich in meinem Buch auch über das Thema Heimat schreiben möchte. Und ich habe mich einen Moment lang gefragt, ob wir den Begriff »Heimat« wirklich in den Untertitel dieses Buches aufnehmen. Schiebt man sich mit diesem Begriff automatisch in die rechte Ecke? Ist allein das Wort »Heimat« schon derart vergiftet?

Eins ist klar: Wenn das auch nur ein klitzekleines bisschen so wäre, dann *muss* das Wort Heimat auf den Titel! Dieses schöne Wort werfen wir »denen« doch nicht in den Rachen!

In den 1950er-Jahren präsentierten »Heimatfilme« den Zuschauern eine heile Welt. Viele sehnten sich damals nach Geborgenheit. Als Kind habe ich diese Filme gerne gesehen, heute kann ich solchen Kitsch viel schwerer aushalten. Vielleicht brauchten die Menschen nach dem Zweiten Weltkrieg diese Übertreibung, diesen Eskapismus – die Heimat wurde idealisiert, in den schönsten Farben gemalt. Das sollte für gute Gefühle, Stabilität und Zusammenhalt sorgen und die von den Kriegserlebnissen gebeutelten Menschen trösten. Heimatfilme sind eine Art Tagtraum – leicht, sonnig und sorglos. Genauso kommt die »Große Hitparade der Volksmusik« daher, die regelmäßig am Samstagabend im ersten *und* zweiten Fernsehprogramm läuft. Um 20.15 Uhr, zur besten Sendezeit, verbreitet sie ein Heile-Welt-Szenario par excellence – offenbar mit großem Erfolg, ein Ende derartiger Produktionen ist nicht abzusehen.

Ganz andere Wege ging der Regisseur und Autor Edgar Reitz mit seiner Film-Trilogie »Heimat«, die in den Jahren 1981 bis 2006 entstanden ist. In über 50 Stunden erzählt er die Geschichte der Familie Simon. Ein Teil des Films spielt in der Dorfschmiede der fiktiven Gemeinde Schabbach im Hunsrück, andere Episoden in München, Oberwesel, Hamburg und Leipzig. Ein Stück deutscher Geschichte, eine Chronik des Lebens, die im 20. Jahrhundert beginnt und mit der Dokumentation der Grenzöffnung und der Deutschen Wiedervereinigung im Jahr 1989 endet. Die beiden Weltkriege und andere schreckliche Erlebnisse werden schonungslos geschildert. Wenn man den Spuren der Familie Simon durch die Zeit folgt, erfährt man viel über die Geschichte der Generationen vor uns und kann auch so manches aus der eigenen Familiengeschichte anders einordnen. Es sind Bilder einer verlorenen und wiedergefundenen Heimat.

SCHMECKEN, FÜHLEN, RIECHEN, SAMMELN

Wir sprechen vom »Eigenheim«, im Sprichwort »Trautes Heim, Glück allein« schwingt Gemütlichkeit mit. Wenn wir von »unserem Heim« oder unserer Heimat sprechen, geht es um große Gefühle und mehr als um ein Gebäude. Heimat sehe ich als großes Mosaik, mit vielen unterschiedlichen Teilchen, jedes eine Erinnerung, ein Erlebnis. Das Läuten der Kirchturmglocken in Uttenreuth, der Duft in Oma Jules Wohnung, der Geruch, den das Hühnerfrikassee meiner Mutter hatte. Nur bei ihr hat es so geschmeckt!

Heimat riecht für mich aber auch nach Salz. Nach dem Salz des Mittelmeers an der spanischen Costa Brava, das ganz leicht auf der Haut bitzelt, wenn man nach dem Schwimmen langsam in der Sonne trocknet. Und Heimat duftet für mich nach Bratwurst! Der guten, groben fränkischen natürlich, am besten vom Grill und ein kleines bisschen zu dunkel gebrutzelt … Heimat schmeckt nach *dulce de leche,* einem klebrig-karamellig-süßen Sehnsuchtsbrotaufstrich, den ich in Argentinien gerne auf dem Frühstücksbrot gegessen habe. Auch 30 Jahre später habe ich den Geschmack noch auf der Zunge, als wärs gestern gewesen, dass ich die letzte Scheibe Toast damit verdrückt habe …

Heimat, das ist für mich der erdige Dunst nach dem ersten Herbstregen in Köln und das leichte Diesellüftchen, das vorbeiweht, wenn wieder ein Frachter den Rhein runterrauscht … »Petrichor« wird dieses Regenaroma genannt, und schon die Herkunft des Namens taugt für ein romantisches Drama: Petrichor setzt sich zusammen aus den altgriechischen Begriffen »petra« für Fels, und »ichor«, dem Blut der Götter. Und dieses »Erdige« riecht tatsächlich überall ein bisschen anders!

Aber wie kann Regen riechen, wenn Wasser doch geruchlos ist? Der Geruch entsteht durch ätherische Öle, die Pflanzen während einer Trockenperiode absondern, und Bakterien im Boden, die einen erdig duftenden Alkohol produzieren. Bei Regen wird beides gelöst und es entsteht das typische Regenaroma – am intensivsten bei Herbstregen, wenn der Boden nach einem trockenen Sommer besonders porös ist.

Auch die Klänge, die ich mit meinem Zuhause verbinde, sind mir im Ohr. Das Klappern der drei silbernen Armreifen, die meine Mutter trug. Wir wussten immer, wo sie im Haus gerade ist, hörten sie auch von Weitem kommen …

Die Neurobiologie nennt solche Puzzleteile Engramme. Eine physiologische Spur im zentralen Nervensystem, die ein Reiz von außen in unserem Gehirn hinterlässt, ein Erinnerungsbild. »Engramm« stammt auch aus dem Griechischen und bedeutet so viel wie »Inschrift«. Das Leben erfüllt uns mit Engrammen und alle zusammen bilden unser Gedächtnis.

Wenn wir lange oder immer wieder an einem Ort sind, der positive Gefühle bei uns auslöst, sind diese Engramme intensiver vorhanden. Die Inschrift wird quasi noch tiefer in unser Gedächtnis eingemeißelt. Man nennt das auch Prägung. Diese Erkenntnisse sind alles andere als neu: Schon der römische Philosoph Cicero hat das so beschrieben.

Und wenn unsere Heimat dann noch einen unwiderstehlichen Namen hat, wie Katzenhirn oder Habenichts, Himmelstadt oder Himmelreich, Hölle, Mausgesees oder Tuntenhausen, Schwarzer Kater, Kuhbier, Sterbfritz oder Deppenhausen – oder ganz schlicht und bescheiden Ende oder Gottesgab –, dann hat man wirklich etwas, das sonst keiner hat!

Wie lebt es sich in Zweifelbach oder Aua? Vielleicht nicht so ruhig und beschaulich wie in Sargleben. Aber auch in Busendorf hätte ich als junges Mädchen nicht so gerne gewohnt …

Lustige Ortsnamen zu sammeln ist eine meiner geheimen Leidenschaften. Apropos geheime Leidenschaften: Man sagt ja, die Summe aller Laster sei bei allen Menschen gleich. Aber das nur am Rande. Das Lustige-Ortsnamen-Hobby ist auf jeden Fall unerschöpflich: Natürlich grenzt Großhartpenning an Kleinhartpenning. Und wer möchte nicht Lieblingshof, Marienleuchte oder gar Göttin seine Heimat nennen? Da sind Pfaffenhofen und Schabernack ja schon fast langweilig dagegen. Und nirgends lebt es sich pragmatischer als in »Ort«.

In einer bestimmten Region zu Hause zu sein, bedeutet uns viel. Für mich ist die Auseinandersetzung mit dem Thema Heimat ein Wechselbad der Gefühle.

Heimat als Inbegriff von Engstirnigkeit und als Gegenpol für Weltoffenheit, »Deutschtümelei«, die lehne ich ab. Aber der Begriff Heimat löst auch ganz positive Assoziationen bei mir aus. Wenn ich von einer längeren Reise zurückkehre, freue ich mich auf das Wiedersehen. Die Alpen, die deutschen Mittelgebirge, die Ostsee und die verträumten fränkischen Dörfer – das gefällt mir! Und auch Gartenzwerge mag ich eigentlich ganz gerne … Aber nicht alle.

Auch auf der Social-Media-Plattform Instagram ist »Heimat« offenbar gerade in: 2,7 Millionen Instagram-Nutzer haben den Hashtag »Heimat« abonniert, und 1,7 Millionen »#heimatliebe«. Zum Vergleich: Ein deutscher Hashtag-Spitzenreiter dürfte »#natur« sein mit 18,7 Millionen, »#schön« kommt auf 2,4 Millionen.

In Deutschland gibt es ja sogar ein Heimatministerium. Auf der Homepage des Bundesministeriums für Heimat findet sich folgende Definition: »Heimat ist dort, wo sich Menschen wohl, akzeptiert und geborgen fühlen. Jeder kennt dieses Gefühl, dazuzugehören und Bestandteil einer Gemeinschaft zu sein.«

Was riecht, was schmeckt für Sie nach Heimat?

Und wo fühlen Sie sich richtig zu Hause?

Ich lade Sie ein auf eine kleine Gedankenreise.

An welchen Geruch erinnern Sie sich, wenn Sie an Ihr Elternhaus denken?

Wie roch es bei Oma und Opa in der Küche? Oder in den Fluren Ihrer Schule?

Welche Bilder haben Sie vor Ihrem inneren Auge, wenn Sie an Ihre Kindergartenzeit denken?

Denken Sie an Ihre Lieblingsspielzeuge! Oder an Weihnachten.

GEBORGENHEIT

Heimat ist auch mein christlicher Glaube. Er begleitet mich durchs Leben, egal wo ich bin, ist abrufbar im entferntesten Winkel der Erde. Eine Art Schutzmantel in Momenten, in denen ich keine Kontrolle mehr habe. Statt Angst zu bekommen, gehe ich innerlich auf eine andere Ebene und kann mich entspannen. Das funktioniert auf über 2000 Metern in den Alpen oder 2000 Meter unter der Erde im Bergwerk Prosper Haniel in Bottrop. Im Erongo-Gebirge in Namibia (Werner: »... die Leoparden sind da. Du siehst sie nicht, aber sie sehen uns ...«) oder hoch am Himmel über der Uckermarck, in einem Ultraleichtflugzeug, das von einem 18-jährigen Piloten gesteuert wird ... In solchen Momenten tut es gut, sich nicht alleine zu wissen. Glaube ist eine Art Westentaschenheimat, *to go*.

Kirchen sind für mich Heimat. Sie bieten einen Raum der Geborgenheit. Wo auch immer auf der Welt ich eine Kirche betrete, ich fühle mich gleich heimisch. Uttenreuth verschwimmt in meiner Erinnerung mit Rom und Korfu.

Es ist die Ruhe, die Konzentration und der Geruch, die Kirchenräume für mich unglaublich anziehend machen. Aber wie kann es sein, dass eine Kirche in Griechenland so ähnlich riecht wie auf Ameland? Ist es der Geruch von altem Holz oder der von Orgelpfeifen?

Riechen Orgelpfeifen überhaupt nach irgendetwas? Mein Mann, der Katholik, sagt gleich: »Glasklar, das ist der Weihrauch!« Ja, das könnte sein, aber es erklärt nicht, dass auch protestantische Kirchen oft einen ähnlichen Duft haben. Ich bin nicht wählerisch bei meinen Ruheoasen, renne in alle Kirchen rein. Aber warum riechen die evangelischen Gotteshäuser so wie die katholischen oder die orthodoxen? Ich denke, dass auch das Leinöl eine große Rolle spielt. Schon seit dem 12. Jahrhundert wird es als Bindemittel für Farben benutzt. Leinöl gilt als bester und langlebiger Holzschutz, auch heute noch werden damit Baudenkmäler restauriert, alte Fachwerkhäuser und Kirchen.

Und gar nicht zu reden vom Geschmack! Im Spreewald drehen wir in einer uralten Leinölmühle, dort wird aus Leinsamen, den Flachsfrüchten, das Öl rausgepresst. Ein Gedicht zu Pellkartoffeln mit Quark, unglaublich gesund. Ewiges Leben gibt's also noch obendrauf. Jetzt aber nicht an Kirchenbänken probelecken.

Meine langjährige Ratgeberin und Freundin, eine Pfarrerin, sagt, Kirchen riechen muffig, weil die Räume oft geschlossen sind. Und obgleich sowohl in katholischen als auch in orthodoxen Kirchen Weihrauch verwendet würde, riechen die orthodoxen Kirchen aus ihrer Sicht viel, viel besser als die katholischen! Die Katholiken würden nämlich sparen und den billigen Weihrauch kaufen und die orthodoxen dürften nur den echten Weihrauch benutzen: ein duftendes Baumharz, übrigens seit Jahrhunderten auch bekannt für seine psychoaktiven Substanzen ... ihr Gatte, ebenfalls Pfarrer, hat mal ein kleines Döschen mit echtem Weihrauch geschenkt bekommen und im Selbstversuch ein Stück gekaut. Nur eine kleine Ecke reichte und er fühlte sich den Rest des Tages, als würde er leicht schweben ...

Vielleicht hat es mir wegen des Geruchs von echtem Weihrauch so gut in der orthodoxen Kirche auf Korfu gefallen? Mit Maria Tsoukis schlendere ich durch die Altstadt, sie zeigt uns für die nächste *Wunderschön*-Sendung die Stadt. Wir laufen durch enge Gassen, ein Haus am anderen. Plötzlich zieht Maria mich in einen Eingang. Erst auf den zweiten Blick erkenne ich, dass hier der Zugang zu einer Kirche verborgen liegt. Dunkelheit empfängt uns und ein betörender Duft. Ein riesiger silberner Kronleuchter hängt von der Decke, die aufwendig bemalt und verziert ist, prächtige, meterhohe, mehrarmige Leuchter stehen auf Balustraden und erhellen die Wände, die rundum mit Ikonen geschmückt sind. Alles schimmert und glänzt silbern und golden. Ich bin wirklich sprachlos, nie hätte ich einen so großen Raum erwartet.

Es sind viele Menschen hier, vor allem Einheimische, Frauen mit Kopftüchern, die flüsternd beten. In einem kleinen Nebenraum der Kirche liegen die Gebeine des heiligen Spyridon, des Schutzpatrons der Insel, der auch dieser Kirche den Namen gab, in einem reich verzierten, silbernen Sarg. Darüber hängen jede Menge bildschöne, ziselierte und orientalisch anmutende Lampen in den verschiedensten Größen von der Decke. Auch in dieser Kirche gibt es verschiedene Schiffsmodelle, große und kleine, manche aufwendig verziert mit bunten Steinen. Maria erzählt, dass die kostbaren Schiffe aus Silber gefertigt sind, besetzt mit Edelsteinen, gestiftet von dankbaren Seeleuten, die vor

Korfu in Seenot geraten waren und gerettet wurden. Jedes der Schiffe, so scheint es mir, erzählt eine eigene Geschichte – von Angst, Not, Hoffnung, Rettung und Dankbarkeit. Ich sitze in einer Kirchenbank und schaue mir alles an. Dann schließe ich für eine Weile die Augen.

Beim Rausgehen drückt mir Maria etwas in die Hand. Ein gefaltetes Stück Papier mit einem blauen Stempel darauf. »Das ist der heilige Spyridon!«, sagt Maria leise und schaut mir tief in die Augen. Ich spüre, da ist etwas drin, es fühlt sich uneben an. »Das ist ein Stück von seinem Schuh! Der heilige Spyridon wird dich ab jetzt beschützen.« Ich bin gerührt und versuche verzweifelt, mein Gehirn daran zu hindern, sich jetzt gleich wieder einzuschalten … Spyridon ist im Jahr 350 gestorben. Wie groß waren seine Schuhe, dass die Besucher der Kirche noch heute ein Stück davon bekommen können? Realistisch betrachtet ein Ding der Unmöglichkeit. Das Stück Papier mit seinem Inhalt hat es trotzdem bis in meine Schreibtischschublade geschafft. Und ich hab mich immer noch nicht getraut, hineinzuschauen.

*

Gerne denke ich auch an einen Nachmittag in Stroumpi, einem kleinen Ort im Westen von Zypern. Auf dieser Insel soll übrigens Spyridon geboren sein.

Es ist heiß, ich sitze mit unserem Guide Andreas im Schatten eines kleinen Cafés am Dorfplatz, der staubig im grellen Sonnenlicht vor uns liegt. Wir haben vorhin auf der Terrasse von Andreas eine kleine Sequenz für eine *Wunderschön*-Sendung gedreht und warten nun hier auf das restliche Team, das uns gleich abholen wird. Auf dem kurzen Weg von seiner Wohnung bis zu diesem Platz hat mir

Andreas ein wenig über sich und sein Leben erzählt. Er pendelt zwischen Zypern und Aachen, hier in Stroumpi ist er geboren und aufgewachsen. Andreas zeigt auf ein winziges Haus, in dem er mit seinen Eltern und mehreren Geschwistern gelebt hat. Ein paar Schritte weiter rechts wohnt seine Schwester mit ihrer Familie. »Sollen wir sie besuchen?«, werde ich gefragt. Die Wohnung liegt direkt neben dem Café, aber ich bin zu müde für weitere Eindrücke. Während wir im Café sitzen und ich eine Cola trinke, ist weit und breit kein Mensch zu sehen. Aber garantiert wissen alle, dass wir da sind.

Und dann sehe ich nicht weit von uns hinter einer Mauer eine riesige Kirche mit einem hohen, schmalen Glockengiebel, mehreren Dächern und Kuppeln. In ihrer Farbigkeit – sandgelb mit weißen und roten Ziegeln auf den Dächern – verschmilzt der Bau förmlich mit der Umgebung.

»Was ist das für eine Kirche?«, frage ich Andreas. »Unsere Kirche«, antwortet er, »willst du rein?« – »Ja, schon«, antworte ich, »aber wir können jetzt nicht einfach von hier verschwinden, man wird nach uns suchen. Das Fernsehteam wird gleich kommen. Und ist die Kirche denn überhaupt offen?« Andreas ist schon aufgestanden und geht voraus. »Komm mit, kein Problem«, sagt er.

Die Kirche ist zu. »Macht nichts ...«, sagt Andreas und tastet die Mauervorsprünge ab. »Irgendwo muss der Schlüssel sein ...« – »Nee, lass ...«, sage ich, »... die anderen kommen bestimmt gleich – und ist es denn wirklich okay, wenn wir hier einfach reingehen?«

»Klar«, sagt er. Doch der Schlüssel ist nirgends zu finden. Andreas geht trotzdem zu der uralten, dicken Holztür und drückt, schiebt, zieht. Mit einem Ruck ist sie plötzlich offen. Ich komme mir vor wie ein Einbrecher, mein kleines, braves deutsches Herz zieht sich ängstlich zusammen … »Ja, doch«, brummt mein Begleiter und ist schon drin. Ich gehe zögernd hinter ihm her und betrete eine andere Welt. Durch die Fenster mit kreisrunden Ornamenten fällt nur wenig Licht. »Warte, ich mach Licht«, sagt Andreas und will schon loslaufen, um den Schalter zu betätigen. »Nein, lass«, sage ich, »wir haben sowieso nur fünf Minuten. Das ist gut so, ich will einfach nur kurz da sein.« Er nickt und zeigt auf einen großen Kerzenteller gleich am Eingang. Wir zünden beide nacheinander ein paar dicke, weiße Kerzen an. Dann bleibe ich zufrieden auf einer Bank in der Nähe der Kerzen sitzen.

Andreas geht auf die Mauer hinter dem Altar zu, an der eine Ikone neben der anderen hängt, die Heiligenbilder der Ostkirche. Es sind eher dunkle Bilder, mit viel Gold. Vor jedem einzelnen Bild bekreuzigt er sich, flüstert etwas, küsst die Ikone. Ein Ritual, das er offenbar schon unzählige Male genauso gemacht hat.

Ein Moment, der sich in meine Erinnerung einbrennt … So friedlich, warm, voller Geborgenheit. Die ganze Kirche nur für uns, ein Geschenk. Andreas stellt mir noch jeden Heiligen auf den Bildern einzeln vor, dann geht es wieder raus in die flirrende Hitze. Efcharistó, Agia Sofia in Stroumpi!

BLEIBEN SIE ZU HAUSE!

Pandemiezeiten bieten reichlich Gelegenheit, sich über die Heimat Gedanken zu machen. »Bleiben Sie zu Hause!«, sagt unsere Bundeskanzlerin Angela Merkel in einer ihrer denkwürdigen Ansprachen. Ist Zuhause das Gleiche wie Heimat? Für manche schon. Mancher würde sagen: das Gleiche, aber nicht dasselbe. Aber ein Zuhause ist wohl erst mal das Dach über dem Kopf, da, wo man wohnt.

Und dieses Zuhause hat sich für viele in den letzten eineinhalb Jahren zum Teil dramatisch verändert. Im Lockdown sitzen Kinder den ganzen Tag am Küchentisch und streiten um das Laptop, mit dem sie sich in den Schulunterricht einklinken oder Hausaufgaben machen sollen. Online arbeitende Studenten robben zurück unter elterliche Fittiche, was soll man auch alleine in einem überteuerten 10-Quadratmeter-Zimmer im leer gefegten Studienort, sei es in München, Hamburg, Köln oder Barcelona? Bei vielen Familien, die ich kenne, ist seit Beginn der Pandemie die Bude voll, man rückt zusammen. Die längst ausgezogenen Kinder kommen zurück in die Heimat.

»Flucht in die Heimat« titelt die *Süddeutsche Zeitung* im Januar 2021. Der Autor Oliver Meiler beschreibt in seinem Artikel zwei Heimatfluchtbewegungen: »Cervello in fuga«, »Gehirn auf der Flucht«, so nennt man in Italien die Hochgebildeten, die nach ihrem Studium die Heimat verlassen, weil diese ihnen kaum Jobs und Chancen bietet. Und er erzählt von der jungen Juristin Elena Militello, die während der Coronapandemie in einem Wohnklo in Luxemburg vereinsamt und dann wieder nach Hause in die Heimat zurückzieht. Eine von schätzungsweise 100 000 jungen

Süditalienern, die inzwischen in ihre Heimat zurückgekehrt sind. Militello kämpft mit ihrer Organisation »South Working« dafür, dass das Homeoffice mehr Akzeptanz bekommt. Sie ist überzeugt: Viele Menschen würden gerne wie sie in die Heimat zurückkehren, wenn sie dort nur angemessen arbeiten könnten. Dieses Szenario lässt sich – sportlich gedacht – auf die ganze Welt übertragen.

Viele, oft gut ausgebildete Menschen würden wieder in ihre Heimat zurückkehren, wenn sie dort Arbeit und Sicherheit finden könnten. Das trifft auch auf viele Flüchtlinge zu, die nach Europa kommen. Gerne wären sie in ihrer Heimat geblieben, wenn sie dort ein Auskommen und eine Perspektive hätten. Wenn sie nicht von Krankheiten bedroht wären – oder den Auswirkungen von Terror und Krieg.

Die Coronapandemie wirkt zuweilen wie eine Lupe. Man sieht plötzlich manches genauer als vorher und Dinge anders, weil sie so nah zusammenrücken und so eng nebeneinander ein ganz neues Bild ergeben. Manches war noch nie so nah beieinander wie jetzt. Viele teilen das gleiche Schicksal, das todbringende Virus macht keine Unterschiede und interessiert sich nicht für Grenzen.

Während der ersten Welle spreche ich mit einem Kollegen. »Ja, danke, es geht allen gut«, sagt er. »Man muss ja dankbar sein, dass es so geht. Die erwachsenen Töchter sind auch zu Hause – und zum Glück gesund … aber alle total frustriert.«

»Warum?«, frage ich.

»Wegen des geplanten Urlaubs in Kanada, der jetzt wahrscheinlich ausfallen muss«, sagte der Kollege. Die ganze Familie wollte dieses Jahr noch einmal zusammen verreisen, obwohl die Kinder eigentlich längst nicht mehr mit den Eltern mitfahren.

Eine tolle Reise, eine Traumreise. Alle Routen sind durchgedacht, seit einem Jahr geplant. Viele Bilder und Filme zusammen angeschaut. Jeder hat sich auf die Reise gefreut.

Die Reise hat schon mit der Vorbereitung begonnen, die Verheißung ist schon das erste Stück Erholung. Ja, und dann ... dann kam Corona.

Aus der geplanten Kanada-Reise wurde eine gemeinsame Radtour an der Weser.

Liebe Weser, nichts gegen dich. Du fließt wunderbar sanft dahin, gluckerst entspannt in deinem breiten Flussbett in einer flachen, unaufgeregten Landschaft. Man sieht heute schon, wer morgen zu Besuch kommt. Balsam fürs Auge, dieser Weitblick, für Radtouren ideal, friedliche, freundliche Weser ... Aber gegen Kanada ... Ach, lassen wir das.

IDENTITÄTSKRISEN

Wir drehen im Teutoburger Wald, an meiner Seite der unvergleichliche Ingolf Lück. Er stammt aus Bielefeld und kennt sich in dieser Gegend bestens aus. Wir verstehen uns großartig und haben seit Tagen richtig viel Spaß auf unserer Wanderung in Etappen. Im Moment drehen wir einfach das »Wandern«. Ingolf und ich laufen auf einem Waldweg nebeneinanderher und unterhalten uns. Vor uns steht in einiger Entfernung der Kameramann, auf den wir langsam zulaufen. Plötzlich hören wir von weit her fröhliches Gelächter, viele Frauenstimmen reden durcheinander. Etwa 200 Meter entfernt biegt eine Gruppe Frauen auf den Weg ein und bewegt sich von vorne auf uns zu. Ingolf erzählt gerade etwas, bricht dann mitten im Satz ab, dreht sich um und verschwindet seitlich im Gehölz. Was ist denn los? Wo läuft er hin? Und warum?

Unglaublich, wie schnell sich ein so großer Mann verdünnisieren kann. Ich schaue ihm nach, kann ihn aber nirgendwo entdecken. Ingolf ist weit und breit nicht mehr zu sehen. Inzwischen hat mich die Gruppe von Frauen erreicht. »Schön, Sie zu sehen!«, ruft mir die erste begeistert zu. Im Nu bin ich umringt und erfahre, dass es sich um eine Keglerinnen-Gemeinschaft handelt, die heute eine Wanderung macht. Dann werden Handys gezückt. »Dürfen wir ein Foto mit Ihnen machen?«

Es ist wirklich immer wieder eine Freude, zu erleben, wie sehr sich die Menschen mit mir verbunden fühlen, obwohl sie mich »nur« aus dem Fernsehen kennen. Schön, zu spüren, dass ich die Menschen mit den Sendungen, die ich moderierte, derart anspreche. So soll es sein. Aber was rufen die da alle gerade durcheinander? Es geht nicht nur um ein Foto mit mir, man möchte noch etwas anderes als Erinnerung mitnehmen. Und anscheinend verwechselt mich die Dame, die mir am nächsten steht, mit jemand anderem. Was sagte sie gerade?

»Haben Sie vielleicht ein Autogramm dabei, Frau Kallert?« Eine zweite schließt sich an: »Nur ein Foto mit meiner Freundin, Frau Kallert, bitte!«

Ich möchte die Begeisterung nicht trüben, aber jetzt sag ich mal was … »Klar können wir Fotos machen, aber Autogrammkarten habe ich keine zur Hand. Und im Übrigen bin ich Andrea Grießmann.« Die Dame weicht für einen Augenblick zurück, fängt sich dann aber gleich wieder: »Ich kenn Sie doch!«

Wir machen ein Foto. »Also, das ist wirklich unglaublich, dass wir Sie hier treffen, Frau Kallert! Sofort, als ich Sie von Weitem gesehen habe, hab ich zu meinen Freundinnen gesagt: ›Da kommt die Frau Kallert!‹« Ich lache sie an und sage: »Ja, die Tamina Kallert, das ist meine Kollegin, vielleicht sehen wir uns auch ein bisschen ähnlich. Ich bin die Andrea Grießmann.«

Der Gesichtsausdruck der Frau versteinert sich. »Ach, jetzt hören Sie doch auf, ich weiß doch, wer Sie sind, ich gucke jeden Sonntag Ihre Sendung! Sie sind Frau Kallert!«

»Natürlich ist das Frau Kallert!«, ruft eine andere Dame aus der Gruppe.

Also lachen wir uns noch ein bisschen an, ich verabschiede mich freundlich mit einem »… dann noch viel Spaß und bis nächsten Sonntag!« und suche Ingolf. Der alte Profi wusste genau, was kommt.

An dieser Stelle meine herzlichsten Grüße an den Damenkegelclub aus Ichweißesleidernichtmehr! Und wenn eine von euch Ladys jetzt gerade dieses Buch liest: Das war großes Kino und damit habt ihr's in mein Buch geschafft. ;-)

ZUM SCHLUSS

La vida es corta:
Rompe las reglas, perdona rápido, besa despacio,
ama de verdad, ríete sin control
y nunca te arrepientas de algo que te hizo sonreir.

Das Leben ist kurz:
Brich die Regeln, verzeih schnell, küss langsam,
liebe aufrichtig, lache hemmungslos
und bereue niemals etwas, was dich zum Lächeln brachte.

Foto: © Ralf Baumgarten

ÜBER DIE AUTORIN

Andrea Grießmann (Jahrgang 1968) verbrachte ihre Schulzeit in Barcelona, Buenos Aires und in Franken. Nach einem begonnenen Sprachstudium absolvierte sie eine Ausbildung zur Reiseverkehrskauffrau, es folgten ein Radiopraktikum und ein Fernsehvolontariat. Mit 26 Jahren kam sie als Autorin und Moderatorin zu WDR und BR, später zum NDR. Seit 2011 ist sie eine der Moderator*innen der Sendung *Planet Wissen*, die von SWR, BR, ARD-alpha und WDR werktäglich ausgestrahlt wird. Seit zehn Jahren steht sie als Moderatorin des WDR-Reisemagazins *Wunderschön* vor der Kamera. 2012 absolvierte sie eine Ausbildung zum Systemischen Coach. Ehrenamtlich engagiert sich Andrea Grießmann u. a. im Vorstand ihrer Evangelischen Kirchengemeinde und als Patin des Kinderhospizes in Bethel.

www.andreagriessmann.de

Der Verlag weist ausdrücklich darauf hin, dass im Text enthaltene externe Links vom Verlag nur bis zum Zeitpunkt der Buchveröffentlichung eingesehen werden konnten. Auf spätere Veränderungen hat der Verlag keinerlei Einfluss. Eine Haftung des Verlags ist daher ausgeschlossen.

Besuchen Sie uns im Internet:
www.bene-verlag.de

Aus Verantwortung für die Umwelt hat sich die Verlagsgruppe Droemer Knaur zu einer nachhaltigen Buchproduktion verpflichtet. Der bewusste Umgang mit unseren Ressourcen, der Schutz unseres Klimas und der Natur gehören zu unseren obersten Unternehmenszielen.
Gemeinsam mit unseren Partnern und Lieferanten setzen wir uns für eine klimaneutrale Buchproduktion ein, die den Erwerb von Klimazertifikaten zur Kompensation des CO_2-Ausstoßes einschließt. Weitere Informationen finden Sie unter: www.klimaneutralerverlag.de

Originalausgabe August 2021
© 2021 bene! Verlag
Ein Imprint der Verlagsgruppe
Droemer Knaur GmbH & Co. KG, München.
Alle Rechte vorbehalten. Das Werk darf – auch teilweise – nur mit Genehmigung des Verlags wiedergegeben werden.
Text: Andrea Grießmann
Konzeption und Lektorat: Stefan Wiesner
Gestaltung: Maike Michel
Coverfoto: Ralf Baumgarten
Druck und Bindung: GGP Media GmbH, Pößneck
ISBN 978-3-96340-192-3

5 4 3 2